NATURAL SCALE 1:1,500,000
Scale of Miles

MAP PREPARED BY
G. F. CREWDSON & J. H. LINDSAY

ATLAS

DE

MONNAIES GAULOISES

PARIS

TYPOGRAPHIE DE E. PLON, NOURRIT et Cie

RUE GARANCIÈRE, 8

ATLAS

DE

MONNAIES GAULOISES

PRÉPARÉ PAR LA

COMMISSION DE TOPOGRAPHIE DES GAULES

ET PUBLIÉ

SOUS LES AUSPICES DU MINISTÈRE DE L'INSTRUCTION PUBLIQUE

PAR

HENRI DE LA TOUR

SOUS-BIBLIOTHÉCAIRE AU DÉPARTEMENT DES MÉDAILLES ET ANTIQUES DE LA BIBLIOTHÈQUE NATIONALE

ORIGINALLY PRINTED BY

E. PLON, NOURRIT ET Cie, RUE GARANCIÈRE 10, PARIS, IN 1892

AND REPRINTED BY LUND HUMPHRIES

FOR SPINK & SON, 1965

EXPLICATION DES ABRÉVIATIONS ET DES SIGNES

A. F. — Ancien fonds du Cabinet des médailles.

Ar. — Argent.

Br. — Bronze.

El. — Electrum.

Ev. — Evans.

Imit. — Imitation.

L. — Lagoy (collection Lagoy, achetée par le duc de Luynes et donnée par lui à la
Bibliothèque nationale).

Mon. — Monnaie.

Mus. — Musée.

Pot. — Potin.

R. N. — Revue numismatique.

S. — Saulcy (collection Saulcy, acquise par l'État pour le département des médailles
de la Bibliothèque nationale).

S. — Symbole. ⎫
T. — Type. ⎬ Table des matières du *Catalogue*.
 ⎭

* — Inscription placée à l'exergue.

** — Inscription placée dans le champ.

L'inscription placée autour du champ n'est désignée par aucun signe.

⎫ Table des légendes
⎬ du *Catalogue*.
⎭

TABLE DES MATIÈRES

10073 (à l'exergue du ℞, ONKN ou VNKN), 10074, 10075, 10076, 10078, 10079, 10083 (le ℞ est une copie défigurée d'un denier de la famille Roscia, représentant une jeune fille donnant à manger à un serpent), 10085, 10086, 10087, 10088, 10090, 10092, 10094, 10097, 10101, 10102, 10103, 10110, 10111.

Pl. LIV. 10114 (la tête est imberbe), 10115, 10121, 10122 (℞. Il n'y a que trois chevaux), 10065 (monnaie semblable à celle de la pl. LIII, 10063), 10117, 10120.

GAULOIS EN PANNONIE.

— 10141, 10144, 10145, 10151, 10153, 10154 (au lieu de NOWOS, lisez : NO𐌠WO...), 10155, 10156, 10157, 10159, 10160, 10162, 10163, 10164, 10165, 10166, 10170, 10177, 10182, 10180, 10183, 10184.

COLLECTION DANICOURT, AU MUSÉE DE PÉRONNE.

Pl. LV. D. 1 (Cf. pl. VI, 2425), D. 2 (Cf. pl. VIII et n° 2336^A), D. 3 (Cf. pl. XI, 3736), D. 4 (Cf. pl. XI, 3736), D. 5 (Cf. pl. XI, 3751), D. 6 (Cf. pl. XII, 3777), D. 7, D. 8 (Cf. pl. XIII, 4535), D. 9, D. 10 (Cf. pl. XV, 4599, et pl. XXV, 10412), D. 11 (Ne fait plus partie de la collection Danicourt. Cf. 6728), D. 12 (Cf. pl. XXIII, 6818), D. 13 (Cf. pl. XXVII, 7015), D. 14 (Cf. pl. XXVIII, 7017), D. 15 (Cf. pl. XXX, 7565), D. 16 (Cf. pl. XXXI, 7617), D. 17 (Ne fait plus partie de la collection Danicourt. Cf. pl. XXXI, 7690), D. 18 (Cf. 7777), D. 19 (Cf. 7798), D. 20 (*Rev. archéol.*, 1886, 3ᵉ série, t. VII, pl. III, 9. — Cf. pl. XXXIII, 10379), D. 21 (*Rev. archéol.*, 1886, 3ᵉ série, t. VII, pl. III, I), D. 22 (Cf. pl. XXXV, 8673), D. 23 (*Rev. archéol.*, 1886, 3ᵉ série, t. VII, pl. III, 18), D. 24 (Ne fait plus partie de la collection Danicourt. Cf. 10204), D. 25 (Cf. pl. XXXII, 7878), D. 26 (*Rev. archéol.*, 1886, 3ᵉ série, t. VII, pl. III, 5. — Cf. pl. XXXV, 8673), D. 27 (Cf. pl. XXXIV, 8680), D. 28 (Cf. 8728 et pl. XXXV), D. 29 (Cf. pl. XXXVI, 8815), D. 30 (Cf. pl. XXXVI, 8937), D. 31 (Cf. pl. XL, 9474), D. 32, D. 33 (Cf. pl. XLII, Ev. II, 10), D. 34 (Cf. pl. XLIII, Ev. V, 10), D. 35 (Cf. pl. XLV, Ev. XIV, 9), D. 36 (Cf. 9580), D. 37, D. 38, D. 39, D. 40, D. 41, D. 42, D. 43, D. 44 (*Rev. archéol.*, 1886, 3ᵉ série, t. VII, pl. III, 20), D. 45.

INDEX ALPHABÉTIQUE

Pl. I

151
Ar.

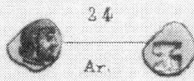 24
Ar.

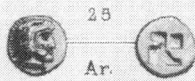 25
Ar.

33
Ar.

29
Ar.

37
Ar.

48
Ar.

94
Ar.

180
Ar.

95
Ar.

152
Ar.

138
Ar.

87
Ar.

188
Ar.

86
Ar.

336
Ar.

324
Ar.

303
Ar.

253
Ar.

267
Ar.

193
Ar.

213
Ar.

215
Ar.

200
Ar.

234
Ar.

221
Ar.

244
Ar.

469
Ar.

84
Ar.

296
Ar.

292
Ar.

276
Ar

272
Ar.

270
Ar.

468
Ar

472
Ar.

356
Ar.

387
Ar.

374 (?)
Ar.

376
Ar.

279
Ar.

L. Dardel sc.

Imp. Dumas Vorzet

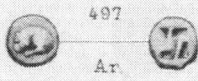

496 Ar.   497 Ar.   499 Ar.   500 Ar.

8 Ar.   10 Ar.   504 Ar.   508 Ar.

510 Ar.   511 Ar.   520 Ar.   524 Ar.

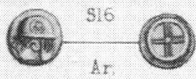   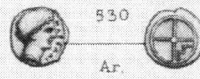   

516 Ar.   880 Ar.   530 Ar.   Mus. de Marseille (A) Ar.

   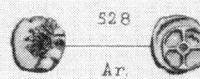   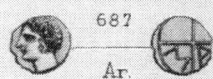

535 Ar.   534 Ar.   528 Ar.   687 Ar.

689 Ar.   681 Ar.   695 Ar.   699 Ar.

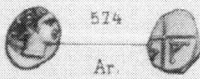   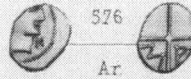   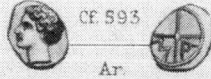   

574 Ar.   576 Ar.   Cf. 593 Ar.   Mus. de Marseille (B) Ar.

785 Ar.   786 Ar.   794 Ar.   797 Ar.

L. Dardel sc.

Imp. Dumas Vorzet

MASSILIA (Suite)

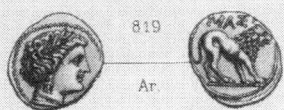 819 Ar.

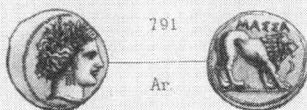 791 Ar.

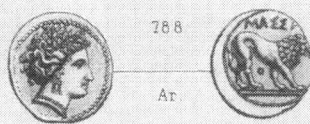 788 Ar.

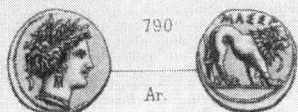 790 Ar.

Mus. de Marseille (c)
 Ar.

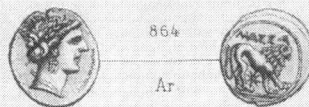 864 Ar.

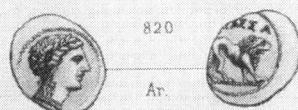 820 Ar.

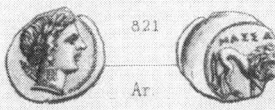 821 Ar.

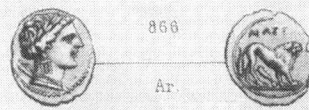 866 Ar.

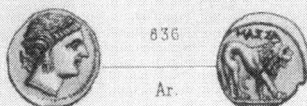 836 Ar.

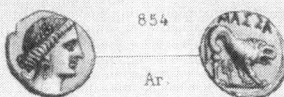 854 Ar.

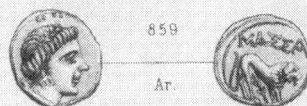 859 Ar.

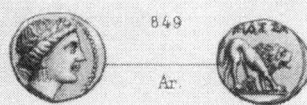 849 Ar.

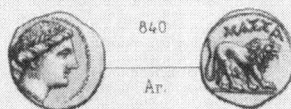 840 Ar.

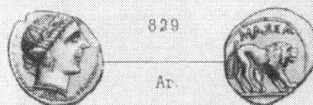 829 Ar.

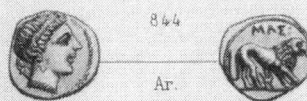 844 Ar.

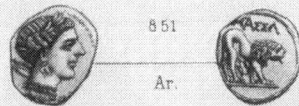 851 Ar.

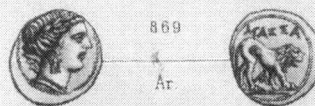 869 Ar.

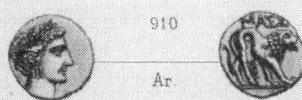 910 Ar.

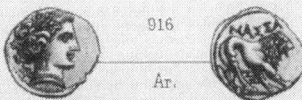 916 Ar.

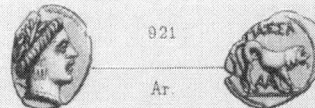 921 Ar.

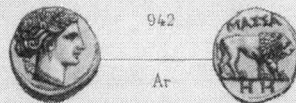 942 Ar

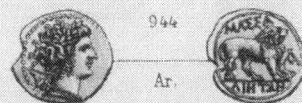 944 Ar.

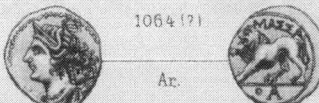 1064 (?) Ar.

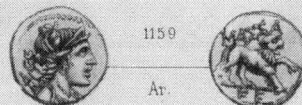 1159 Ar.

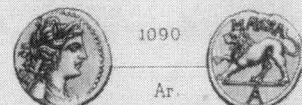 1090 Ar.

Mus. de Marseille (D)
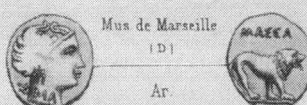 Ar.

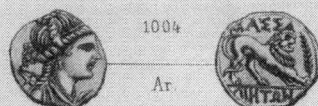 1004 Ar.

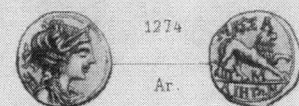 1274 Ar.

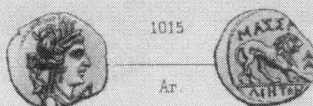 1015 Ar.

L. Dardel sc.

Imp. Dumas Vorzet

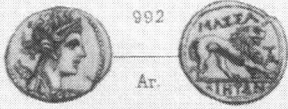
992
Ar.

956
Ar.

1356
Ar.

1418
Ar.

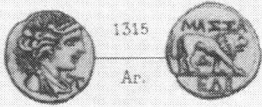
1315
Ar.

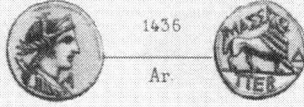
1436
Ar.

1462
Ar.

1471
Ar.

1495
Br.

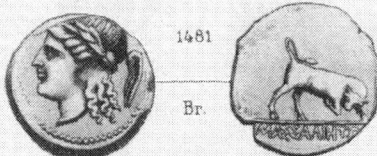
1481
Br.

1515
Br.

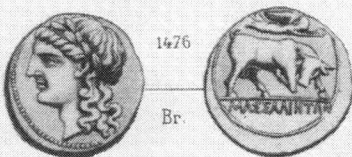
1476
Br.

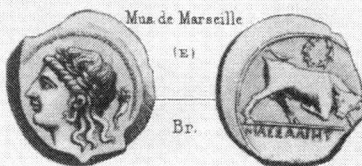
Mus. de Marseille
(E)
Br.

2113
Br.

1673
Br.

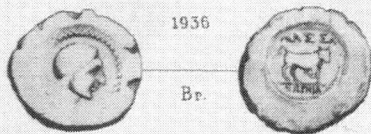
1936
Br.

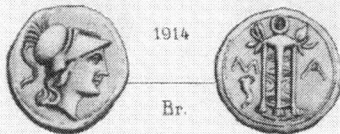
1914
Br.

1912
Br.

1969
Br.

2122
Br.

Cf. 2082A
Br.

2053
Br.

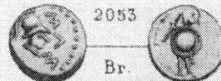
2117
Br.

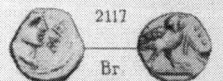
1972
Br.

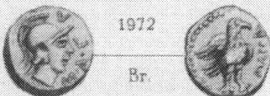
2086
Br.

2071
Br.

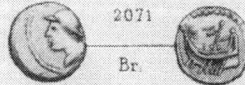
2065
Br.

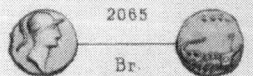
2051
Br.

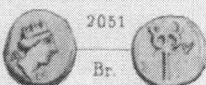
2022
Br.

2110
Br.

2101
Br.

2124
Br.

INCERTAINE   TRICORII   SEGOVII

2177   Ar.   2248   Ar.   2249   Br.   2244   Ar.

CLANUM   COENICENSES   LIDIKO   OIOIXVO

2247   Ar.   2245   Ar.   2163   Ar.   2171   Ar.

DIKOA   IMIT DE MONNAIES MASSALIOTES

2169   Br.   2250   Ar.   2252   Ar.   2254   Ar.

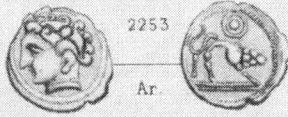 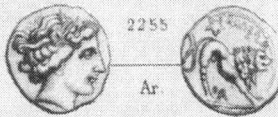 

2253   Ar.   2255   Ar.   2146   Ar.

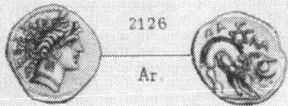 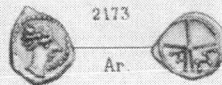 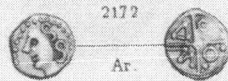

2126   Ar.   2173   Ar.   2172   Ar.

   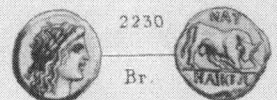

2521   Br.   2223   Br.   2225   Br.   2230   Br.

                 SAMNAGENSES

 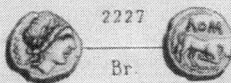  

2228   Br.   2227   Br.   2226   Br.   2256   Br.

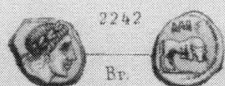   

2242   Br.   2241   Br.   2232   Br.   2229   Br.

L. Dardel sc.   Imp Dumas Vorzet

PL VI

ANTIPOLIS 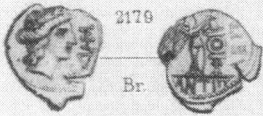 2179  2203  2196  2195 INCERTAINE  2349

LONGOSTALETES 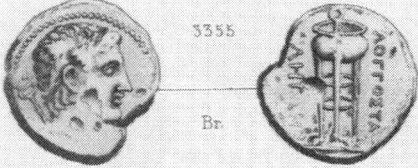 3355  2369  2363

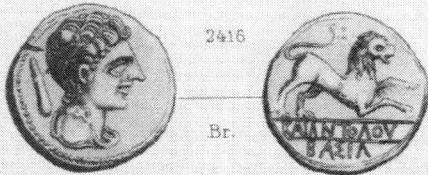 2416  2425 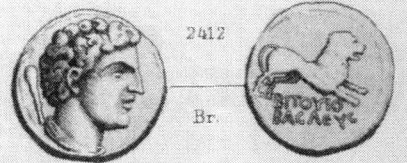 2412

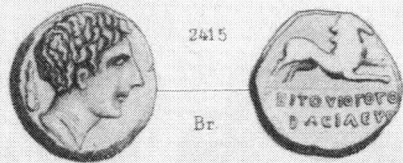 2415  2403 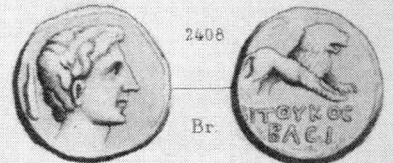 2408

BETERRA 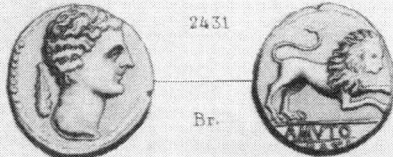 2431 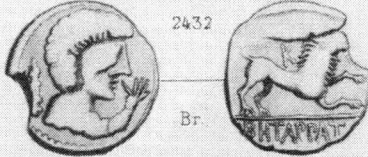 2432 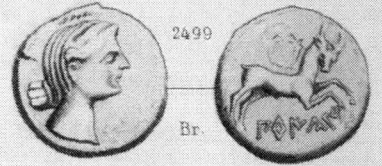 2499

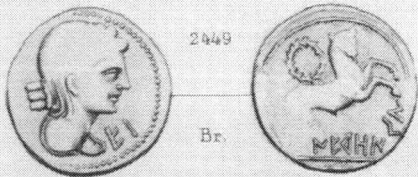 2449  2488  2496

AVENIO 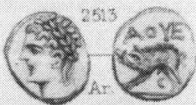 2513  2516  2519 CABELLIO 2545  2572

VOLCÆ ARECOMICI  2563 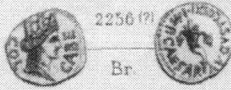 2256(?)  2630 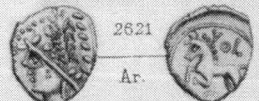 2621

 2646 2649 2652(?) 2677(?) NEMAUSUS   2698

L. Dardel sc.

Imp Dumas Vernet

NEMAUSUS (Suite)

NEMAUSUS (Suite)
2709 Ar.　2718 Ar.　2725 Br.　2735 Br.

2778 Br.　2806 Br.　2837 Br.

ALLOBROGES

2839 Br.　2879 Ar.　2884 Ar.　2895 Ar.　2904 Ar.

2917 Ar.　2912 Or.　2924 Ar.

SEGUSIAVI　　　　　ATUI

2935 Pot.　4622 Ar.　4633 Br.　4628 Pot.　4637 Br.

LVGDVNVM

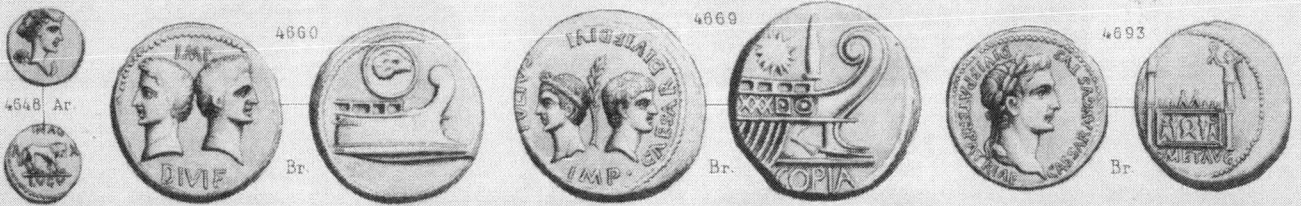

4648 Ar.　4660 Br.　4669 Br.　4693 Br.

4744 Br.　4771 Br.　4776 Br.

VIENNA

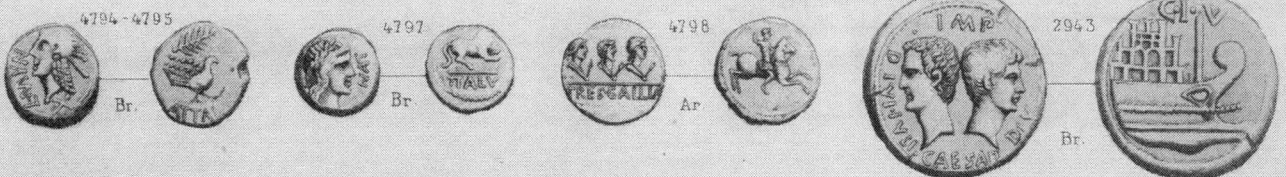

4794 - 4795 Br.　4797 Br.　4798 Ar.　2943 Br.

RHODA IMITAT. DE MONNAIES DE RHODA

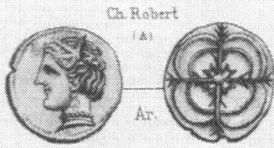

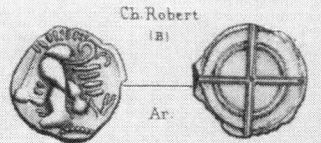

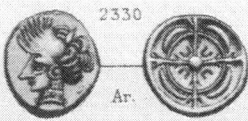

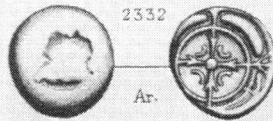

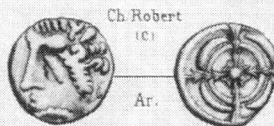

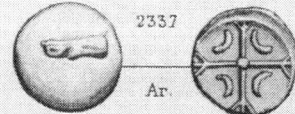

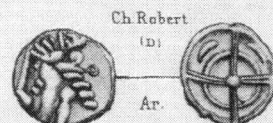

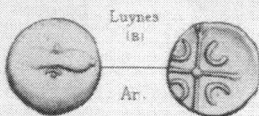

Cf. 2317 Ar.

Luynes (?) (A) Ar.

2319 Ar.

Ch. Robert (A) Ar.

2322 Ar.

2323 Ar.

Ch. Robert (B) Ar.

2330 Ar.

2332 Ar.

2333 Ar.

2335 Ar.

2324 Ar.

2325 Ar.

2327 Ar.

2328 Ar.

Ch. Robert (C) Ar.

2337 Ar.

2343 Ar.

2346 Ar.

Ch. Robert (D) Ar.

VOLCÆ TECTOSAGES

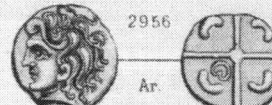

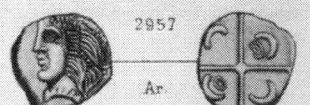

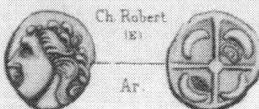

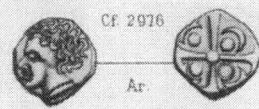

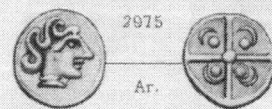

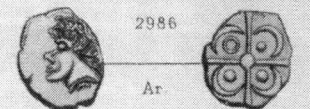

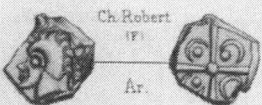

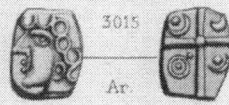

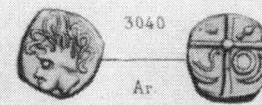

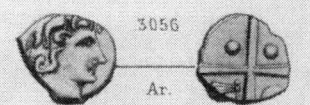

Luynes (B) Ar.

2954 Ar.

2956 Ar.

2957 Ar.

Ch. Robert (E) Ar.

Cf. 2976 Ar.

2975 Ar.

2986 Ar.

Ch. Robert (F) Ar.

3015 Ar.

3040 Ar

3056 Ar.

L. Dardel sc.

Imp. Dumas Vorzet

VOLCÆ TECTOSAGES (Suite)

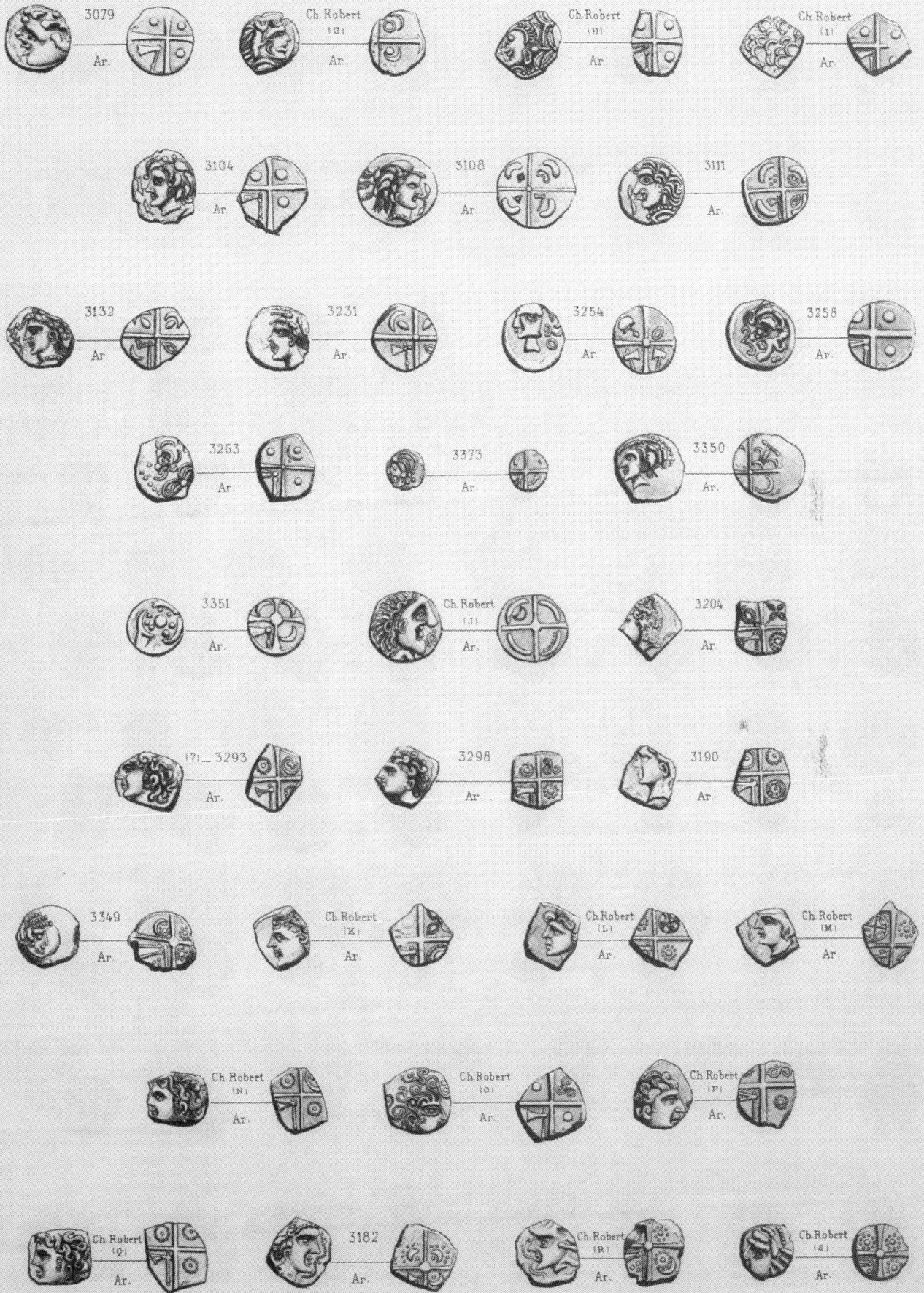

3079 — Ar.

Ch. Robert (G) — Ar.

Ch. Robert (H) — Ar.

Ch. Robert (I) — Ar.

3104 — Ar.

3108 — Ar.

3111 — Ar.

3132 — Ar.

3231 — Ar.

3254 — Ar.

3258 — Ar.

3263 — Ar.

3373 — Ar.

3350 — Ar.

3351 — Ar.

Ch. Robert (J) — Ar.

3204 — Ar.

(?) — 3293 — Ar.

3298 — Ar.

3190 — Ar.

3349 — Ar.

Ch. Robert (K) — Ar.

Ch. Robert (L) — Ar.

Ch. Robert (M) — Ar.

Ch. Robert (N) — Ar.

Ch. Robert (O) — Ar.

Ch. Robert (P) — Ar.

Ch. Robert (Q) — Ar.

3182 — Ar.

Ch. Robert (R) — Ar.

Ch. Robert (S) — Ar.

L. Dardel sc.

Imp. Dumas Vorzet

VOLCÆ TECTOSAGES (Suite)

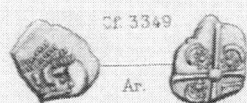

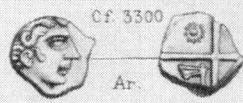

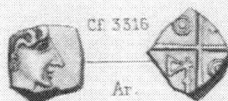

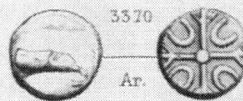

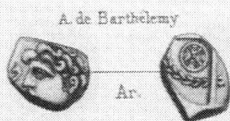

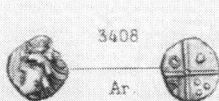

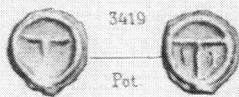

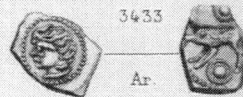

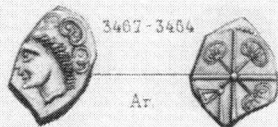

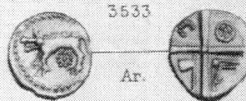

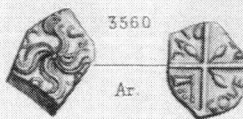

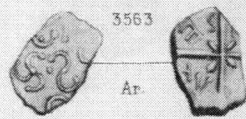

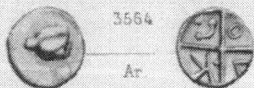

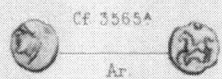

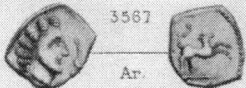

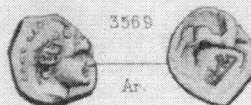

Cf. 3349
Ar.

Cf. 3342
Ar.

Cf. 3331
Ar.

Cf. 3300
Ar.

Cf. 3316
Ar.

3365
Ar.

3367
Ar.

3370
Ar.

A. de Barthélemy
Ar.

3408
Ar.

3203
Ar.

3204
Ar.

3419
Pot.

3406
Ar.

3371
Ar.

3433
Ar.

3444
Ar.

3467 - 3464
Ar.

3470
Ar.

3533
Ar.

3555
Ar.

3557
Ar.

3560
Ar.

3563
Ar.

3565
Ar.

Ch. Robert
T
Ar.

Ch. Robert
U
Ar.

3558
Ar.

3564
Ar.

Cf. 3565A
Ar.

3566
Ar.

3567
Ar.

3569
Ar.

3571
Ar.

3572
Ar.

3573
Ar.

L. Dardel sc.

Imp Dumas Vorzet

TARUSATES

ELUSATES

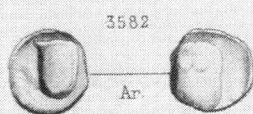
3582
Ar.

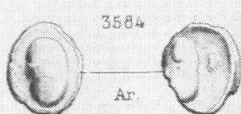
3584
Ar.

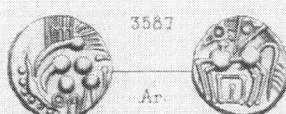
3587
Ar.

3603
Br.

SOTIATES

ARVERNI

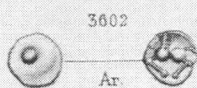
3602
Ar.

3605
Ar.

3614
Or.

3629
Or.

3652
Or.

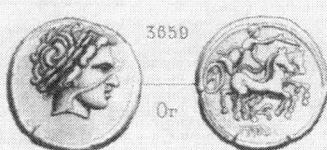
3659
Or.

3679
Or.

3794-(?)
Ar.

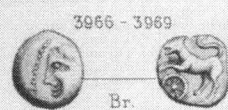
3966-3969
Br.

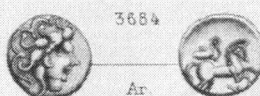
3684
Ar.

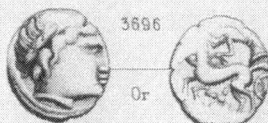
3696
Or.

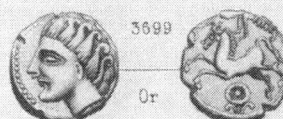
3699
Or.

3781
Ar.

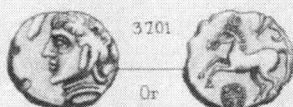
3701
Or.

3709
Or.

3711
Or.

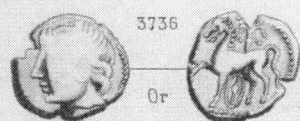
3736
Or.

3738
Or.

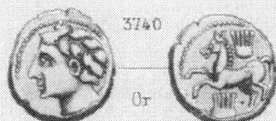
3740
Or.

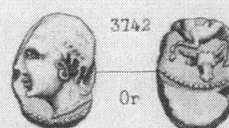
3742
Or.

3716
Or.

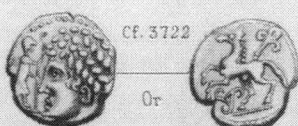
Cf. 3722
Or.

3729
Or.

3730
Or.

3750
Or.

3751
Or.

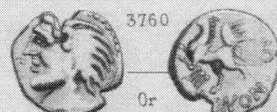
3760
Or.

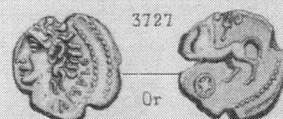
3727
Or.

Dardel sc.

Imp. Dumas Vorzet

ARVERNI (Suite)

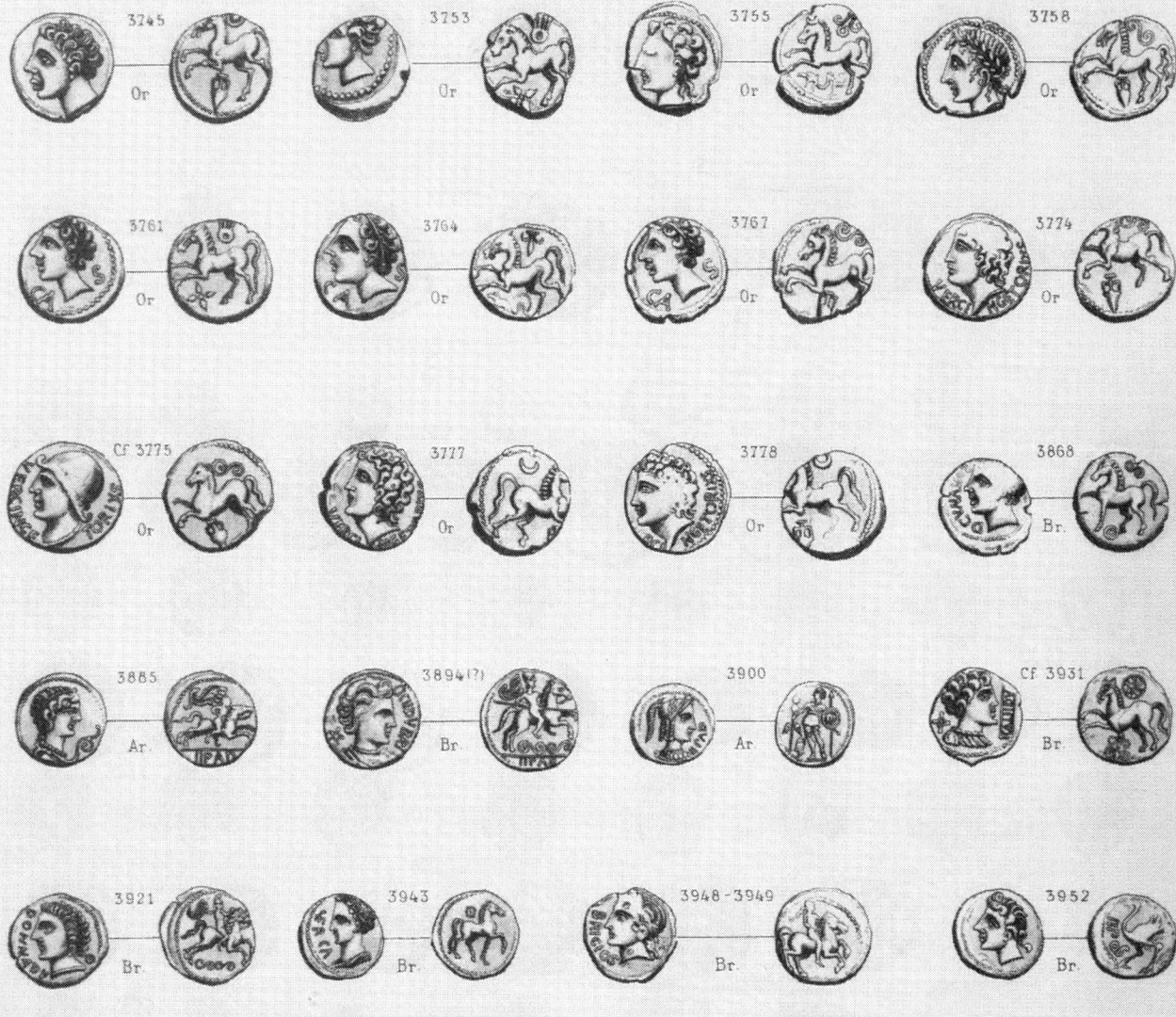

PETROCORII

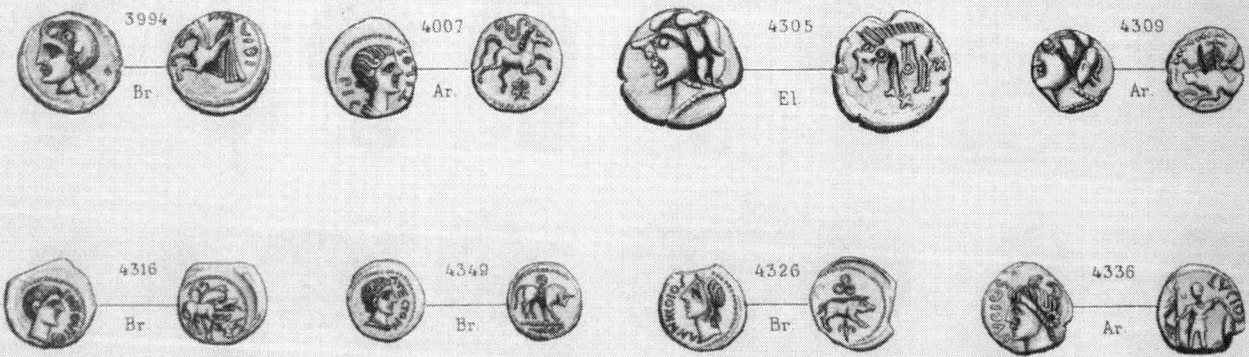

CADURCI

INCERTAINES

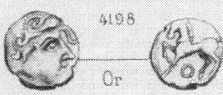 4198 Or

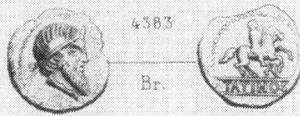 4383 Br.

Mus de St Germain

 Br.

 4363 Br.

PICTONES

 4395 El.

 4417 Or

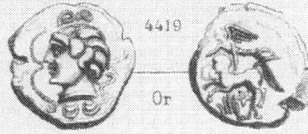 4419 Or

 4433 Ar.

BITURIGES CUBI

 4068 El.

 4072 El.

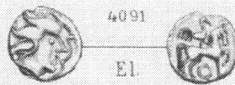 4091 El.

 4067 Ar.

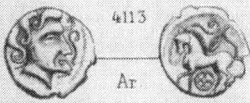 4113 Ar.

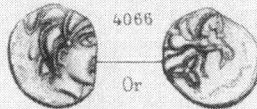 4066 Or

PICTONES

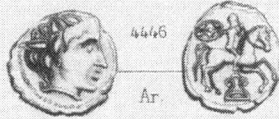 4446 Ar.

 4439 Ar.

 4460 Ar.

 4461 Ar.

 4473 Br.

 4478 Ar.

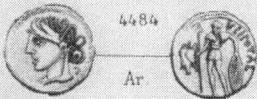 4484 Ar.

 4495 Ar.

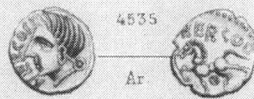 4535 Ar.

SANTONES

 4512 El.

 4514 Br.

 4525 Ar.

 4520 Ar.

LEMOVICES

 4543 Or

 4549 Ar.

 4552 Ar.

 4555 Or

 4551 Or

Imp. Dumas Vorzet

LEMOVICES (Suite)

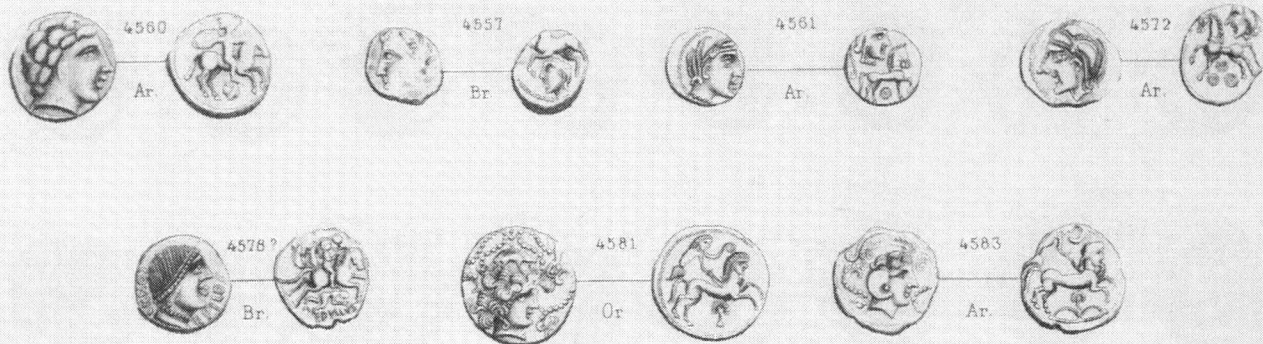

4560 Ar. 4557 Br. 4561 Ar. 4572 Ar.

4578? Br. 4581 Or. 4583 Ar.

BITURIGES CUBI

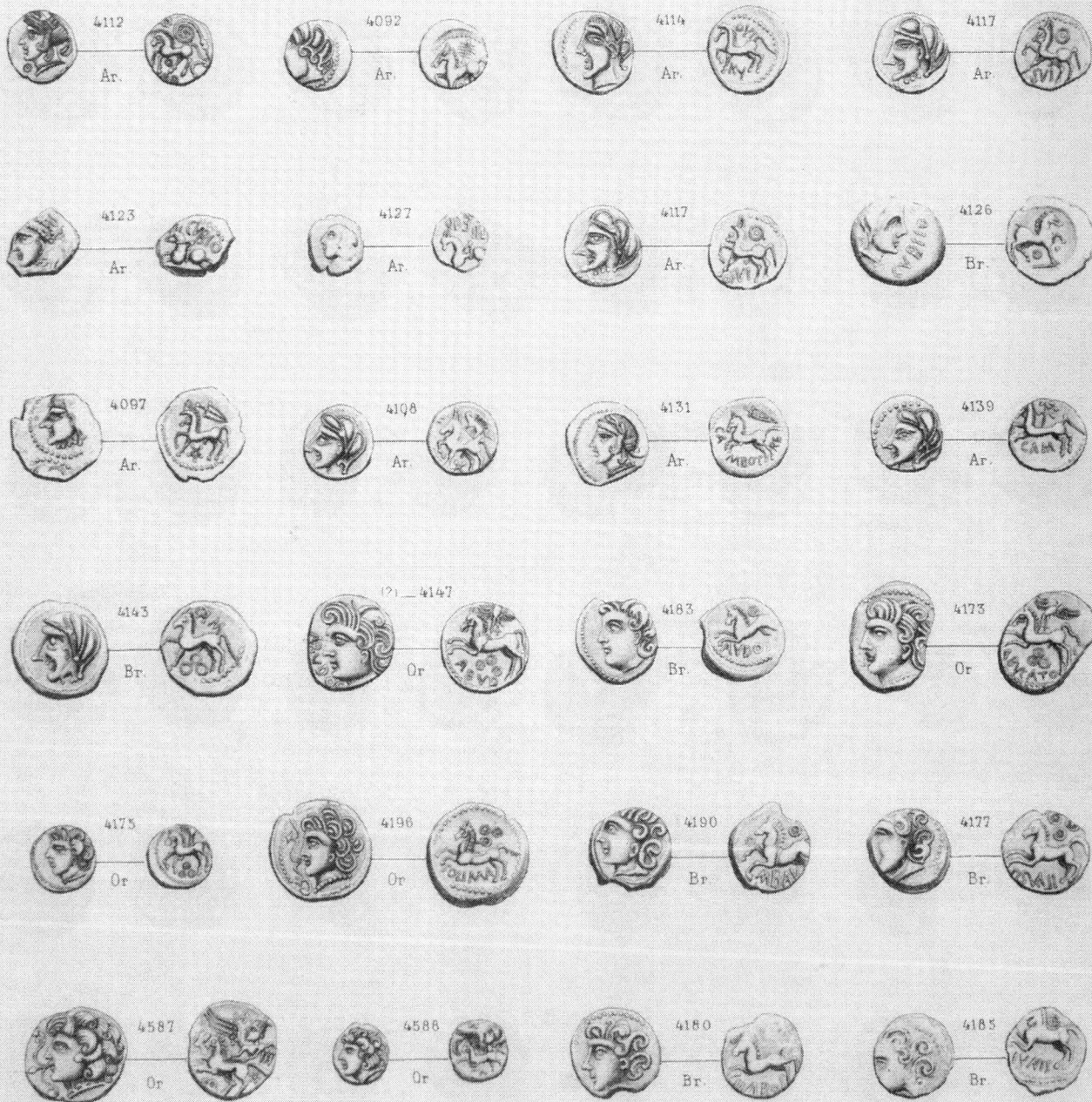

4112 Ar. 4092 Ar. 4114 Ar. 4117 Ar.

4123 Ar. 4127 Ar. 4117 Ar. 4126 Br.

4097 Ar. 4108 Ar. 4131 Ar. 4139 Ar.

4143 Br. (2) — 4147 Or. 4183 Br. 4173 Or.

4173 Or. 4196 Or. 4190 Br. 4177 Br.

4587 Or. 4588 Or. 4180 Br. 4185 Br.

INCERTAINES

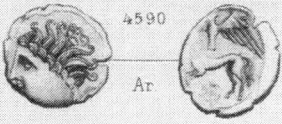 4590
Ar.

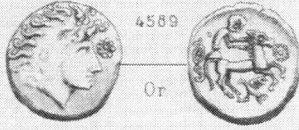 4589
Or.

 4591
El.

 4592
El.

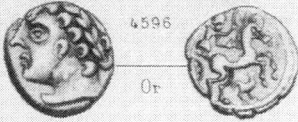 4596
Or.

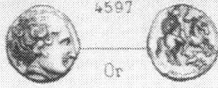 4597
Or.

 4599
Ar.

ÆDUI

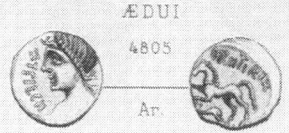 4805
Ar.

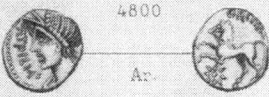 4800
Ar.

 4819
Ar.

 Cf. 4823_4824
Ar.

 4830
Br.

 4832
Or.

 4834
Or.

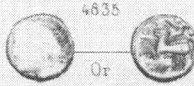 4835
Or.

 4832
Or.

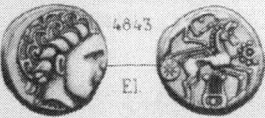 4843
El.

 4867
Ar.

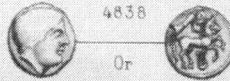 4838
Or.

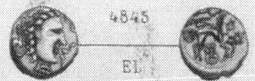 4845
El.

 4858
Ar.

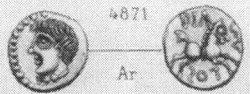 4871
Ar.

 4886
Ar.

 4972
Ar.

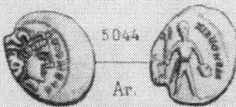 5044
Ar.

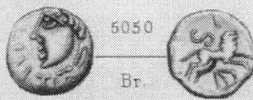 5050
Br.

 4866
Ar.

 5026
Ar.

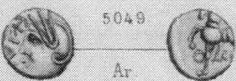 5049
Ar.

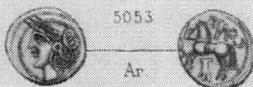 5053
Ar.

 5072
Ar.

5075_5076

 Ar.

5080 Pot. — 5083 Pot. — 5086 Br.

Cf. Mus. de St Germain

5088 Br. — 5090 Br. — 5093 Br. — 5099 Ar.

5138 Ar. — 5252 Ar. — 5253 Pot. — 5267 Pot.

MANDUBII

5275 Pot. — 5277 Pot. — 5281 Or.

AMBARRI ?

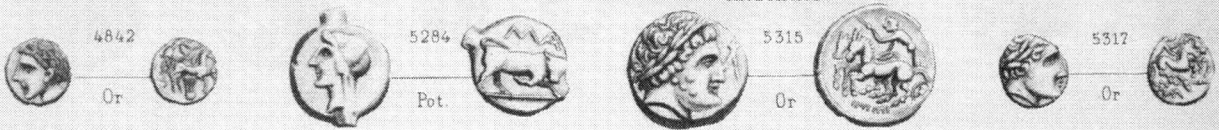

4842 Or. — 5284 Pot. — 5315 Or. — 5317 Or.

SEQUANI

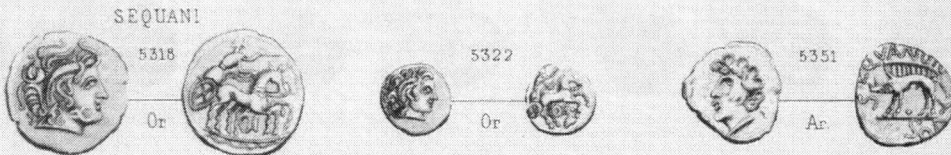

5318 Or. — 5322 Or. — 5351 Ar.

5368 Pot. — 5390 Pot. — 5393 Pot. — 5542 Pot.

5401 Pot. — 5527 Pot. — 5508 Pot. — 5538 Pot.

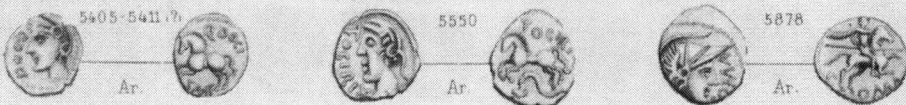

5405-5411 (?) Ar. — 5550 Ar. — 5878 Ar.

SEQUANI (Suite)

5594 - Cf. 5604
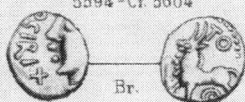
Br.

5611

Pot.

5629

Pot.

5632

Ar.

IMITAT. DES DENIERS ROMAINS AU TYPE DES DIOSCURES

5639
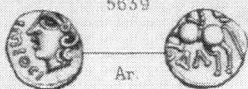
Ar.

5715

Ar.

5728
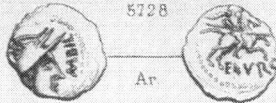
Ar.

5731

Ar.

5719

Ar.

Cf. 5733

Ar.

5738
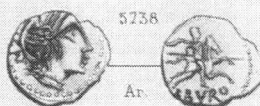
Ar.

5743

Ar.

5748
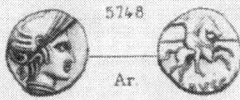
Ar.

5745

Ar.

5747
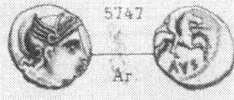
Ar.

5762

Ar.

5774

Ar.

5779

Ar.

5780
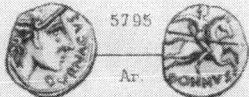
Ar.

5795
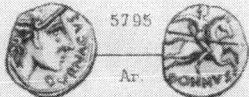
Ar.

5801

Ar.

5803
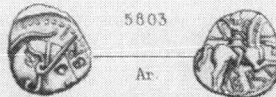
Ar.

5807

Ar.

5815
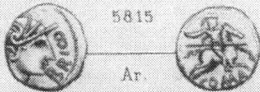
Ar.

5820
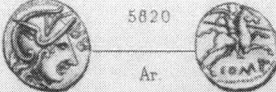
Ar.

5836

Ar.

5859
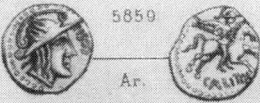
Ar.

5864
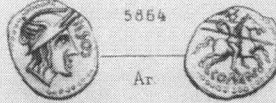
Ar.

5867

Ar.

5870

Ar.

5871

Ar.

5877
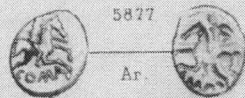
Ar.

IMITAT DES DENIERS AU TYPE DES DIOSCURES (Suite)

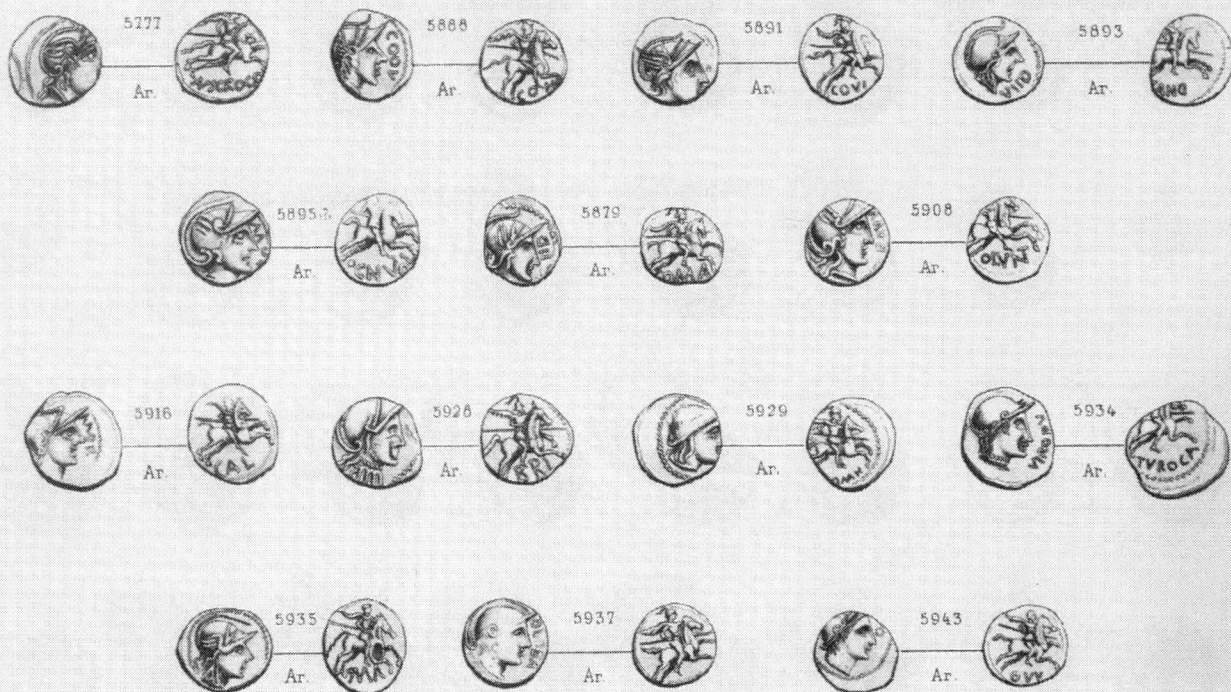

CARNUTES

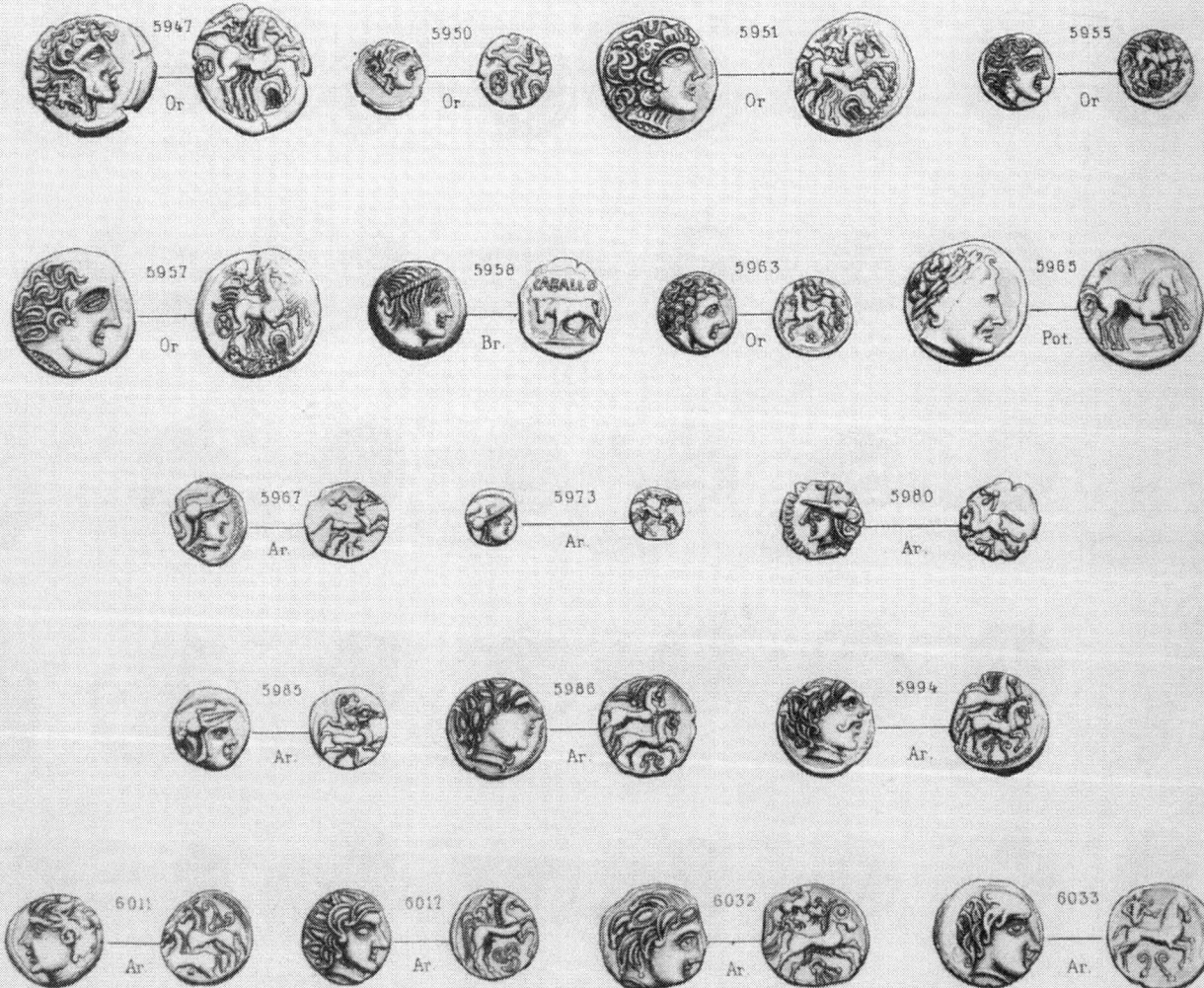

Imp Dumas Vorzet.

CARNUTES (Suite)

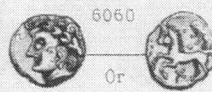

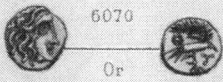

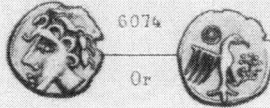

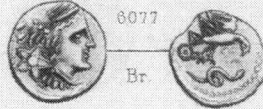

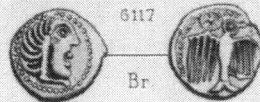

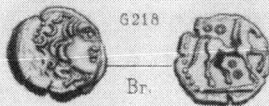

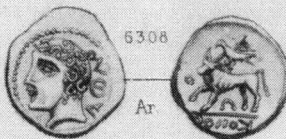

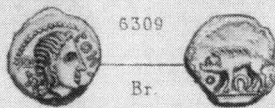

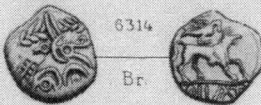

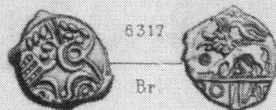

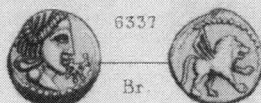

6050 Ar.

Cf. 6055 Or.

6060 Or.

6063 Or.

6067 Or bas

6066 Or bas

6069 Or.

6070 Or.

6074 Or.

6077 Br.

6088 Br.

6108 Br.

6117 Br.

6132 Br.

6140 Br.

6147 Br.

6188 Pot.

6202 Br.

6217 Br.

6218 Br.

6295 Br.

6306 Br.

6308 Ar.

6309 Br.

6311 Br.

6314 Br.

6317 Br.

6322 Br.

6329 Br.

6331 Br.

6337 Br.

6342 Ar.

CARNUTES (Suite)

 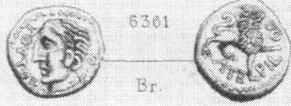 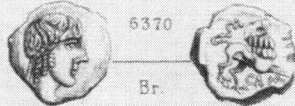 

6358 Br. 6361 Br. 6370 Br. 6372 Br.

 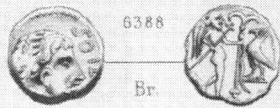 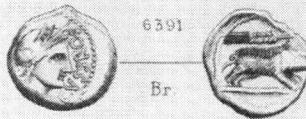 

6385 Br. 6388 Br. 6391 Br. 6396 Br.

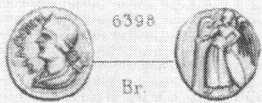 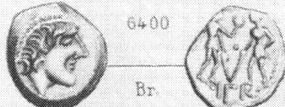 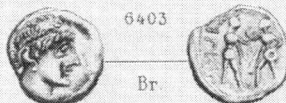 

6398 Br. 6400 Br. 6403 Br. 6405 Br.

NAMNETES

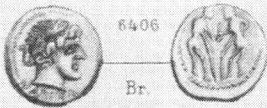 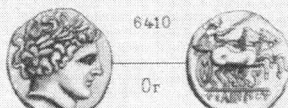  

6406 Br. 6410 Or 6411 Or 6721 Or

BAIOCASSES

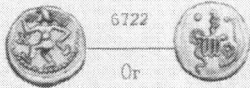 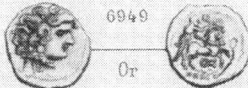 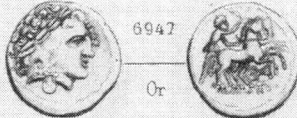 

6722 Or 6949 Or 6947 Or 6950 Or

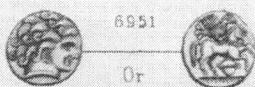 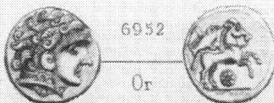  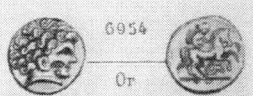

6951 Or 6952 Or 6953 Or 6954 Or

UNELLI

   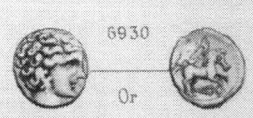

6922 Or 6927 Or 6928 Or 6930 Or

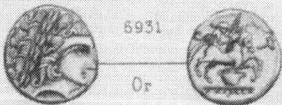 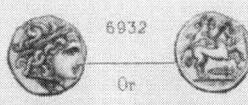  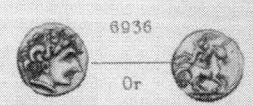

6931 Or 6932 Or 6935 Or 6936 Or

 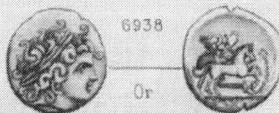 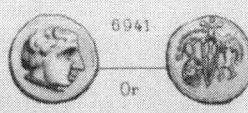 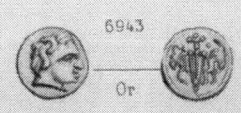

6937 Or 6938 Or 6941 Or 6943 Or

 Imp Dumas Vorzet

UNELLI (Suite)   AULERCI DIABLINTES   ANDECAVI

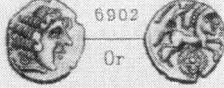

6944   Or   6902   Or   6903   Or   6455   Bil   6463   Bil

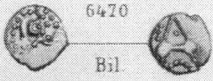
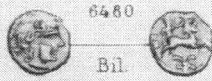
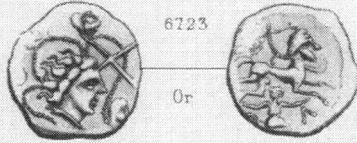

6470   Bil.   6480   Bil.   6723   Or   6724   Or

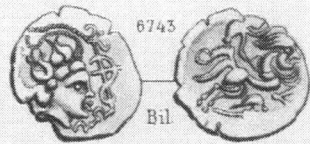

6728   Or   6735   Br.   6743   Bil.

AULERCI DIABLINTES

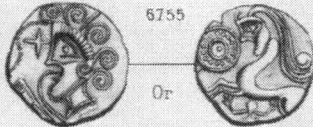
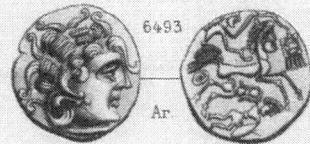

6745   Bil.   6755   Or   6493   Ar.

OSISMII

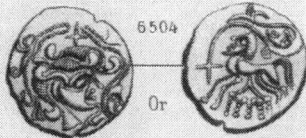
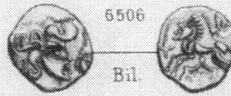

6502   Ar.   6504   Or   6506   Bil.   6508   Ar.

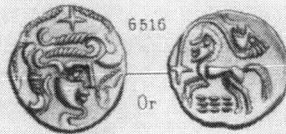
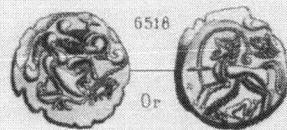

6512   Or   6516   Or   6518   Or

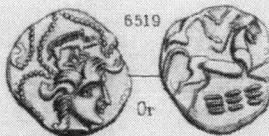
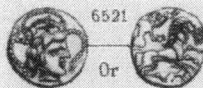

6519   Or   6521   Or   6522   Or

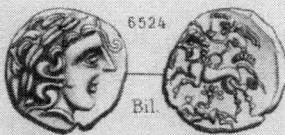

6524   Bil.   6527   El.   6529   Or   6530   Or

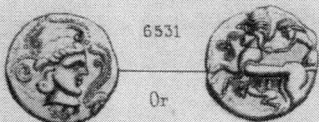
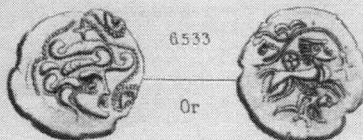
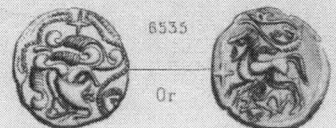

6531   Or   6533   Or   6535   Or

OSISMII (Suite)

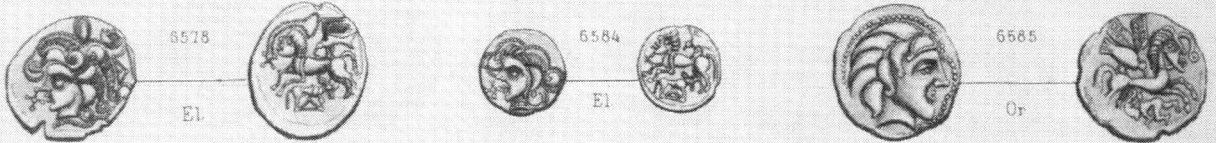

CORISOPITES

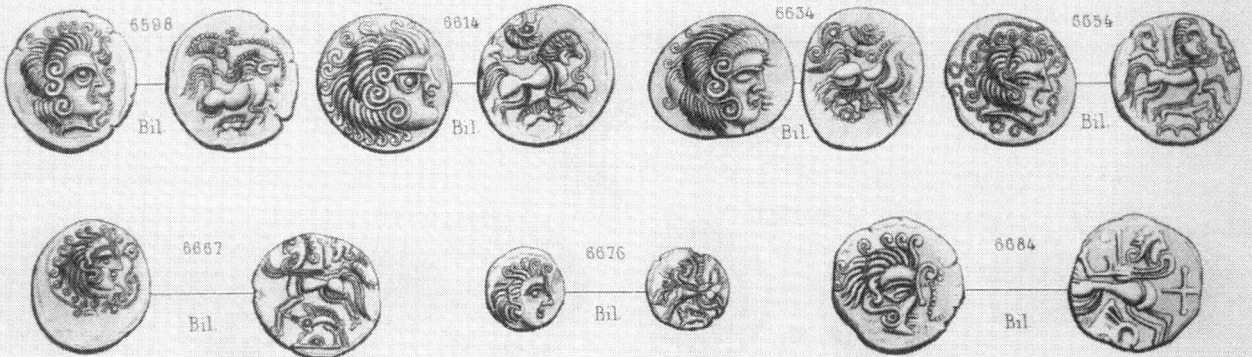

CURIOSOLITAE

REDONES

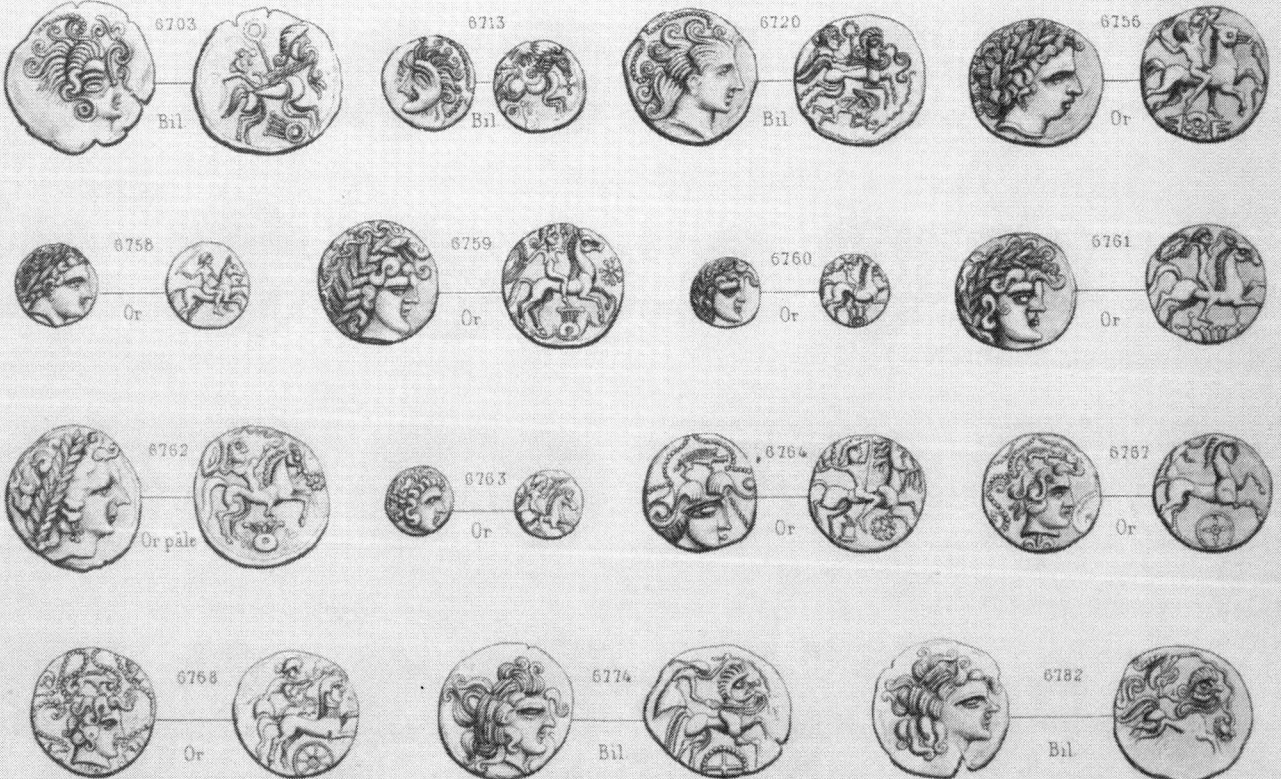

REDONES (Suite)

6783 Bil. 6792 Bil. 6793 Bil. 6794 Bil.

6804 Or 6805 Or 6811 Bil.

ABRINCATUI

6813 Bil.

AULERCI CENOMANI

6818 Or 6821 Or 6823 Or 6824 Or

6825 Or pâle 6826 Or 6827 Or 6828 Or

6829 Or 6830 Or 6835 Or 6837 Or

6838 Or 6840 Or 6847 Or 6851 Or

6852 Or 6858 Or 6861 Or 6868 Or

6874 Or 6870 Or 6875 Or 6878 Or

6879 Or 6881 Or 6883 Or 6888 Or

AULERCI CENOMANI (Suite)

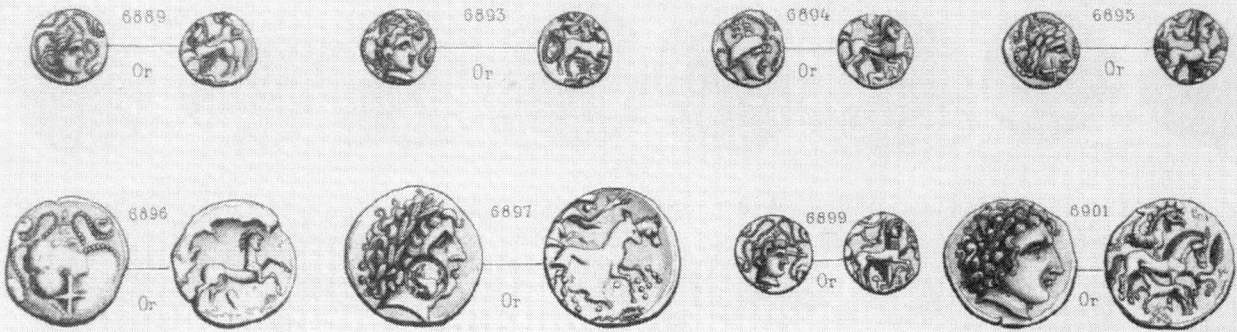

6889   6893   6894   6895
Or   Or   Or   Or

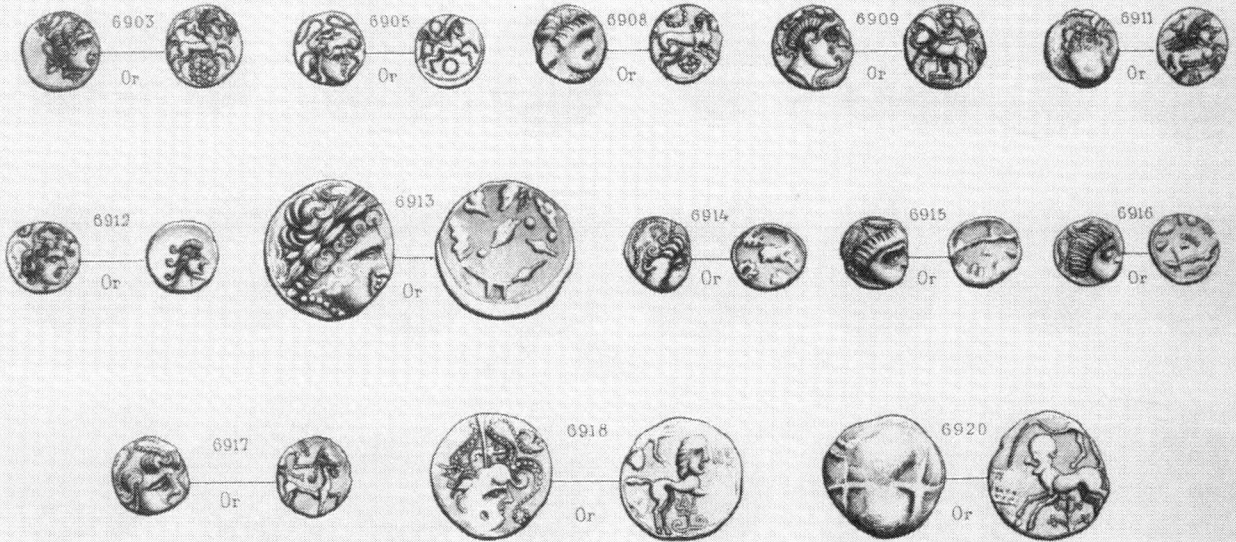

6896   6897   6899   6901
Or   Or   Or   Or

INCERTAINES DE L'ARMORIQUE

6903   6905   6908   6909   6911
Or   Or   Or   Or   Or

6912   6913   6914   6915   6916
Or   Or   Or   Or   Or

6917   6918   6920
Or   Or   Or

UNELLI

6921   6924   6925   6932
Or   Or   Or   Or

VIDUCASSES

6933   6934   6935   6946
Or   Or   Or   Ar.

BAIOCASSES

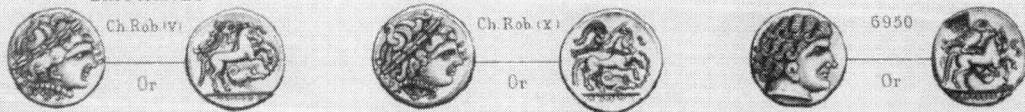

Ch.Rob.(V)   Ch.Rob.(X)   6950
Or   Or   Or

6951   6952   6953   6954
Or   Or   Or   Or

L. Dardel sc.   Imp. Dumas Vorset

BAIOCASSES (Suite)

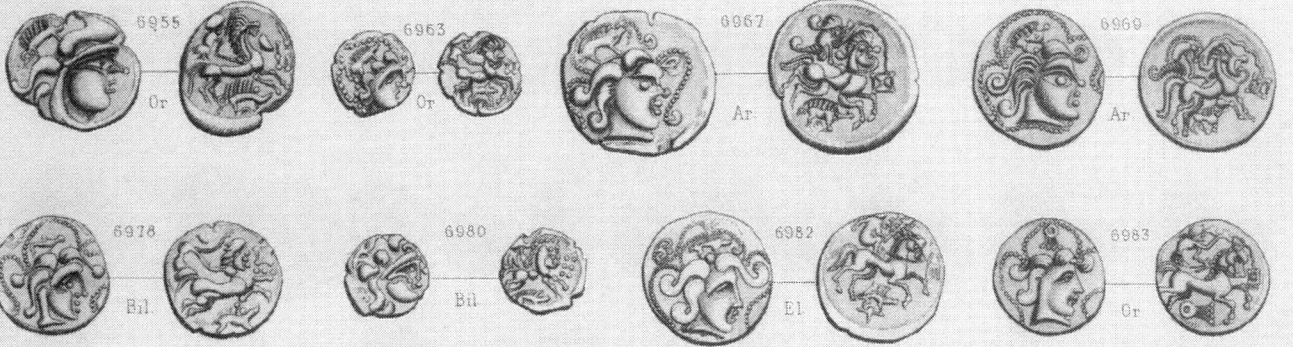

6955 Or
6963 Or
6967 Ar.
6969 Ar.

6976 Bil.
6980 Bil.
6982 El.
6983 Or

6984 Or
6985 Bil.

TROUVAILLE DE JERSEY

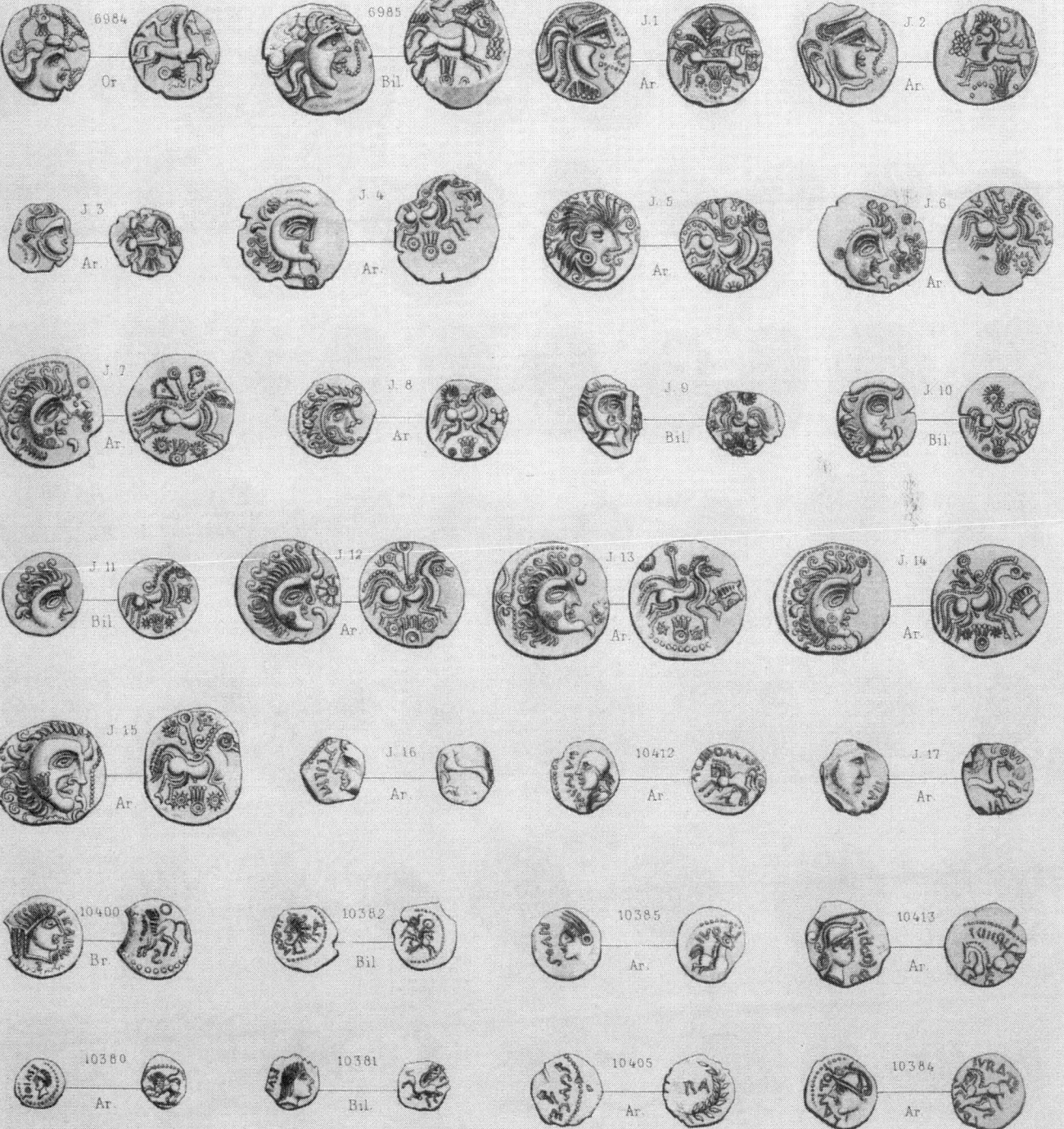

J. 1 Ar.
J. 2 Ar.

J. 3 Ar.
J. 4 Ar.
J. 5 Ar.
J. 6 Ar.

J. 7 Ar.
J. 8 Ar.
J. 9 Bil.
J. 10 Bil.

J. 11 Bil.
J. 12 Ar.
J. 13 Ar.
J. 14 Ar.

J. 15 Ar.
J. 16 Ar.
10412 Ar.
J. 17 Ar.

10400 Br.
10382 Bil.
10385 Ar.
10413 Ar.

10380 Ar.
10381 Bil.
10405 Ar.
10384 Ar.

L. Dardel sc.

Imp. Dumas Vorzet

TROUVAILLE DE JERSEY (Suite)

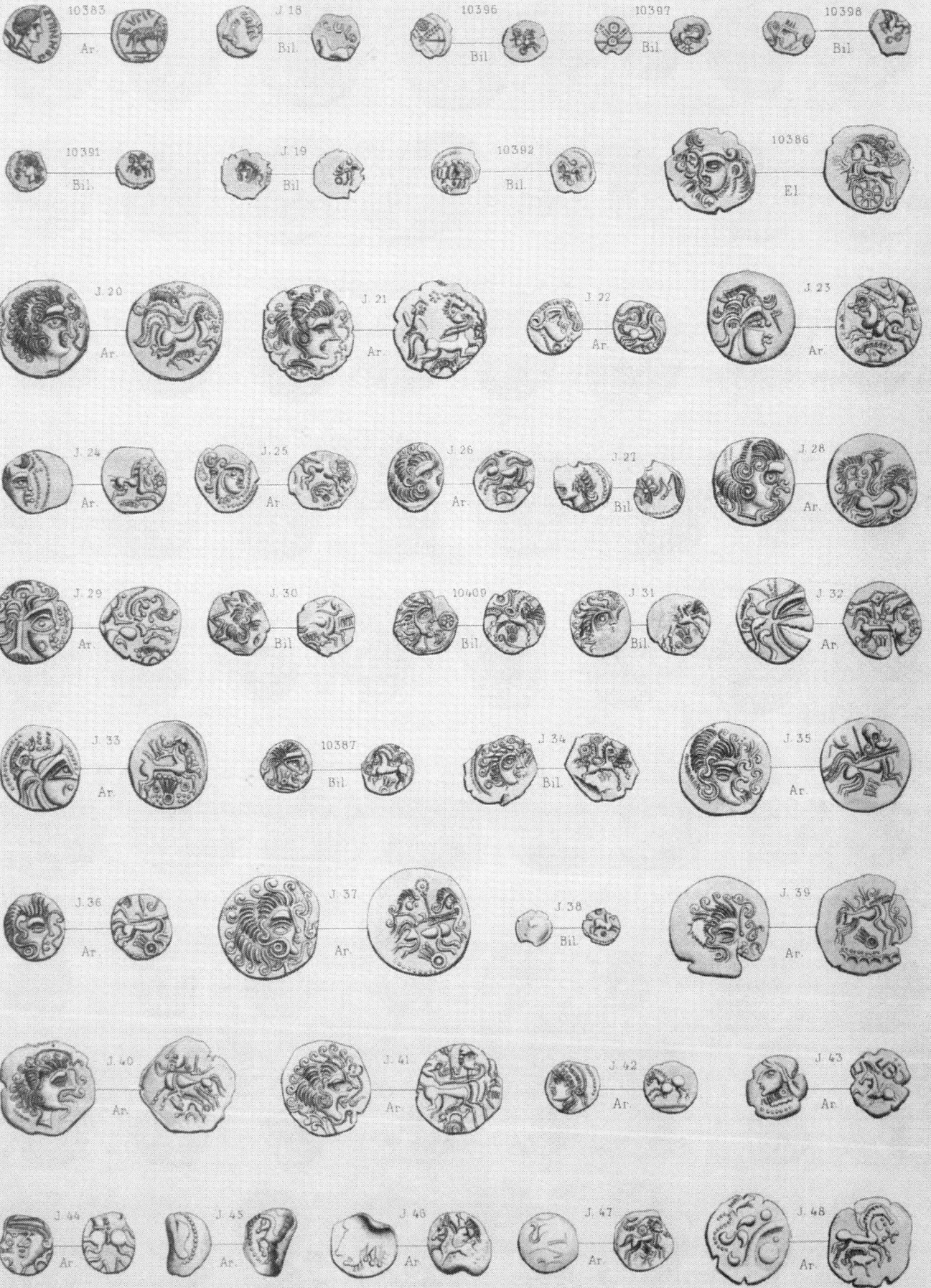

10383 Ar.　　J. 18 Bil.　　10396 Bil.　　10397 Bil.　　10398 Bil.

10391 Bil.　　J. 19 Bil.　　10392 Bil.　　10386 El.

J. 20 Ar.　　J. 21 Ar.　　J. 22 Ar.　　J. 23 Ar.

J. 24 Ar.　　J. 25 Ar.　　J. 26 Ar.　　J. 27 Bil.　　J. 28 Ar.

J. 29 Ar.　　J. 30 Bil.　　10409 Bil.　　J. 31 Bil.　　J. 32 Ar.

J. 33 Ar.　　10387 Bil.　　J. 34 Bil.　　J. 35 Ar.

J. 36 Ar.　　J. 37 Ar.　　J. 38 Bil.　　J. 39 Ar.

J. 40 Ar.　　J. 41 Ar.　　J. 42 Ar.　　J. 43 Ar.

J. 44 Ar.　　J. 45 Ar.　　J. 46 Ar.　　J. 47 Ar.　　J. 48 Ar.

L. Dardel sc.　　Imp. Dumas Vorzet

TROUVAILLE DE JERSEY (Suite)

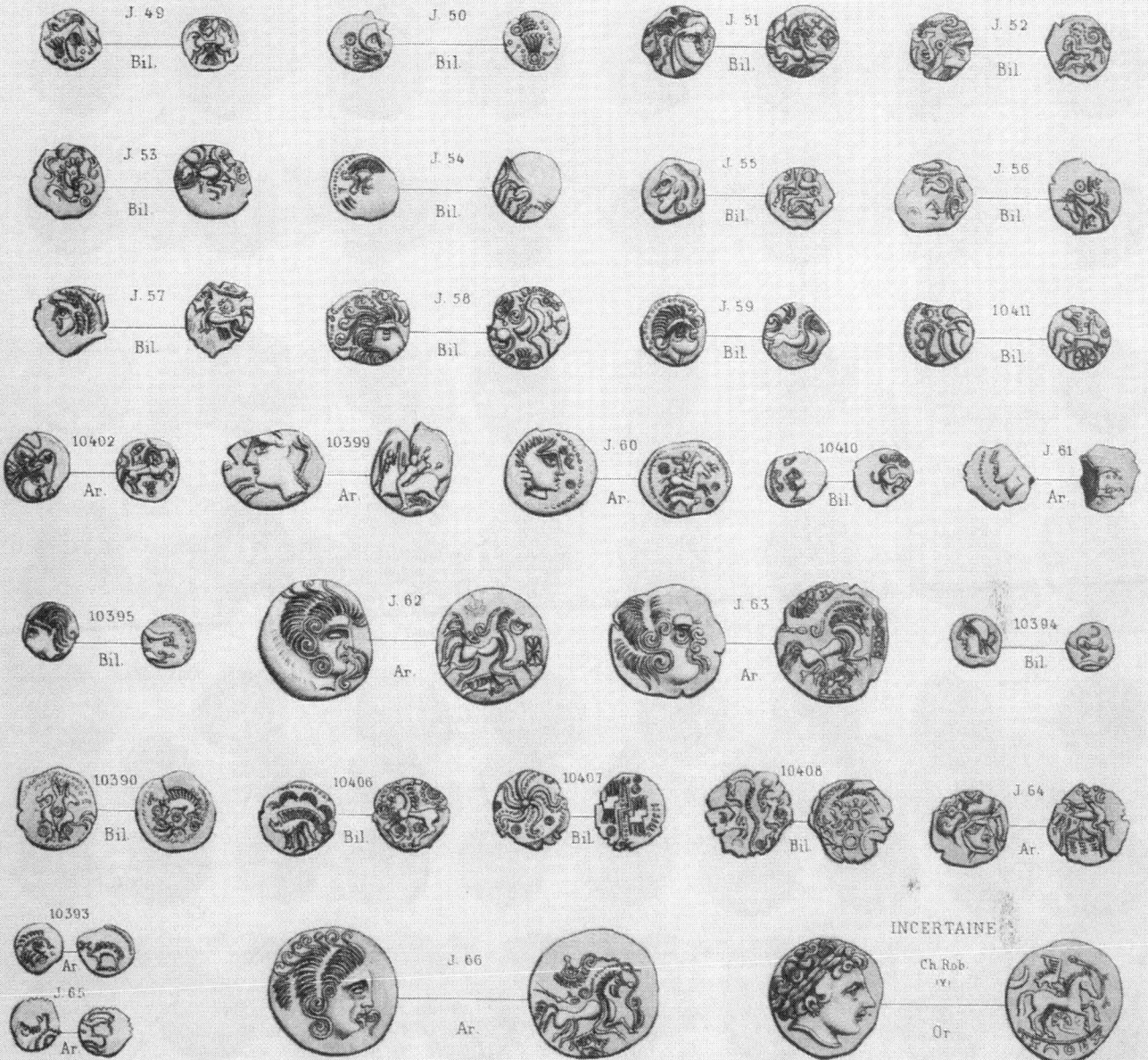

J. 49 Bil.
J. 50 Bil.
J. 51 Bil.
J. 52 Bil.

J. 53 Bil.
J. 54 Bil.
J. 55 Bil.
J. 56 Bil.

J. 57 Bil.
J. 58 Bil.
J. 59 Bil.
10411 Bil.

10402 Ar.
10399 Ar.
J. 60 Ar.
10410 Bil.
J. 61 Ar.

10395 Bil.
J. 62 Ar.
J. 63 Ar.
10394 Bil.

10390 Bil.
10406 Bil.
10407 Bil.
10408 Bil.
J. 64 Ar.

10393 Ar.
J. 65 Ar.
J. 66 Ar.

INCERTAINE
Ch. Rob. (Y)
Or

TURONES
6421A Or
6422 Or
6424 Or

6426 Or
6427 Or
6995-6993 Br.
6997-6996 Br.

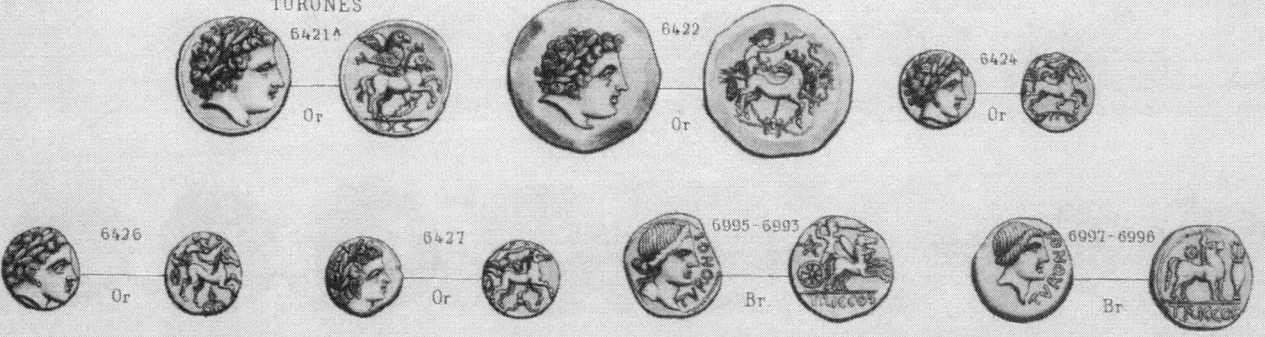

AULERCI EBUROVICES
Cf. 7005 Br.
7011 Pot.
7015 Or

L. Dardel sc.

Imp. Dumas Vorzet

AULERCI EBUROVICES (Suite)

ESSUI (?)

LEXOVII

CALETES

CALETES (Suite)

VELIOCASSES

VELIOCASSES (Suite)

SENONES

 7367
Br.

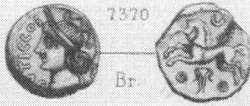 7320
Br.

 7372
Br.

 7388
Pot.

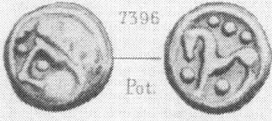 7396
Pot.

 7405
Pot.

 7417
Pot.

 7434
Pot.

 7437
Pot.

 7445
Pot.

 7447
Pot.

 7458
Pot.

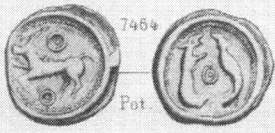 7464
Pot.

 7465
Pot.

 7467
Pot.

 7472 _ 7471
Br.

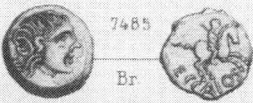 7485
Br.

 7490
Br.

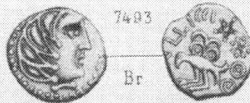 7493
Br.

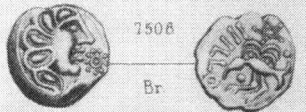 7508
Br.

 7527
Br.

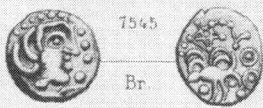 7545
Br.

 7550
Br.

 7552
Br.

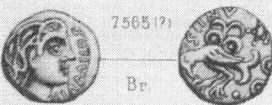 7565(?)
Br.

 7570
Br.

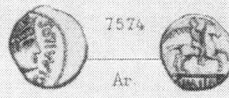 7574
Ar.

 7575
Br.

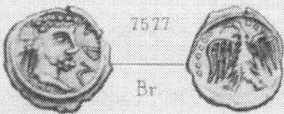 7577
Br.

 7580
Br.

 7583
Br.

 7585
Br.

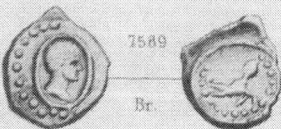 7589
Br.

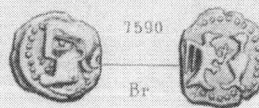 7590
Br.

 7596
Br.

 7600
Br.

MELDI

 7602
Pot.

 7606
Br.

 7608
Br.

 7613
Br.

L. Dardel sc.

Imp. Dumas Vorzet

MELDI (Suite)

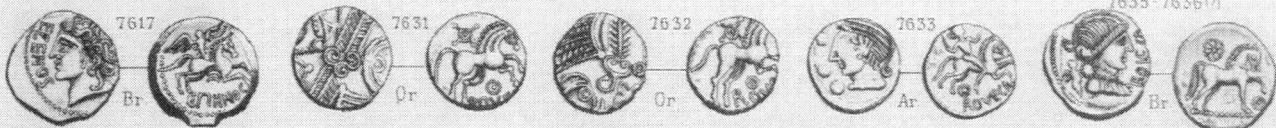

7617 Br. — 7631 Or — 7632 Or — 7633 Ar — 7635-7636(?) Br

7646-7643 Br — Cf 7658 Br — Cf 7660 Br — 7680 Br

7691 Br — Cf 7682 Br — 7690(?) Br — 7694 Ar

SUESSIONES

7699 Ar — 7704 Br — 7713 Ar — 7716 Br

7717 Br — 7729 Br — 7732 Br — 7739 Br

PARISII

7777 Or — 7779 Or — 7780 Or — 7782 Or

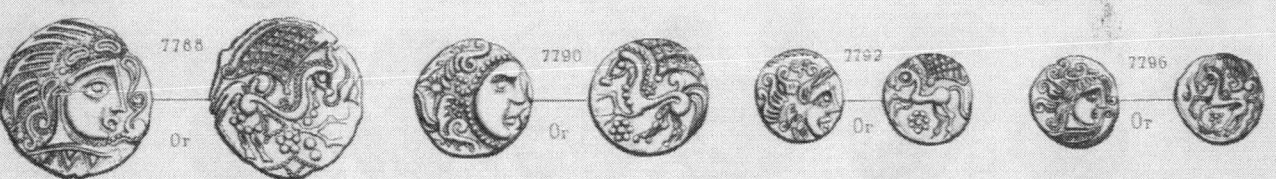

7788 Or — 7790 Or — 7792 Or — 7796 Or

7798 Or — 7804 Or — 7816 Or — 7817 Or

SILVANECTES

7820(?) Pot. — 7850 Br. — 7858 Ar — 7859 Pot.

7862 Pot — 7870 Pot — 9194 Pot — 7873 Pot

Imp Dumas Vorzet

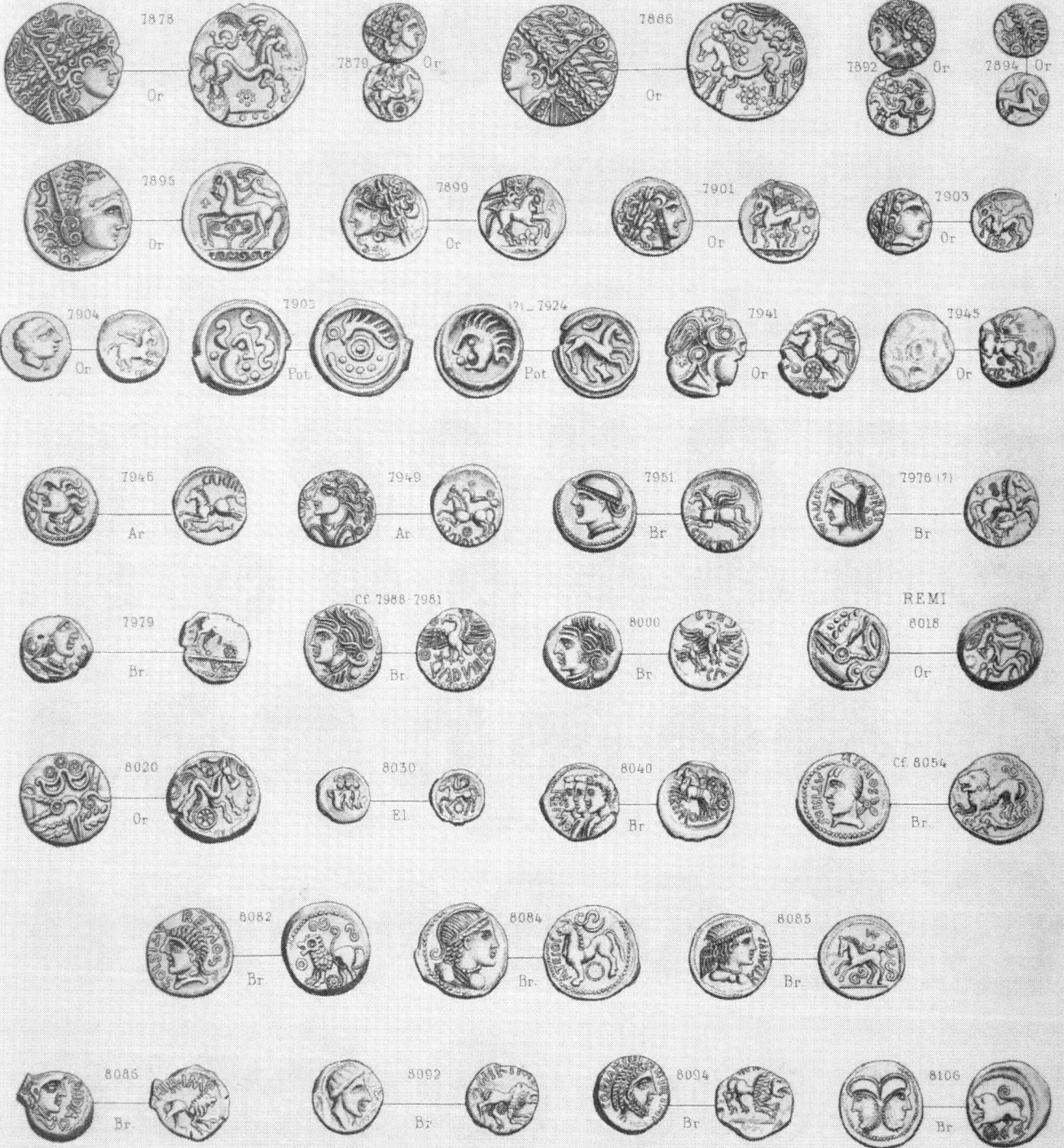

BELLOVACI

REMI

CATALAUNI

INCERTAINES DE L'EST

Dardel sc

Imp. Dumas Vorxet

INCERTAINES (Suite)

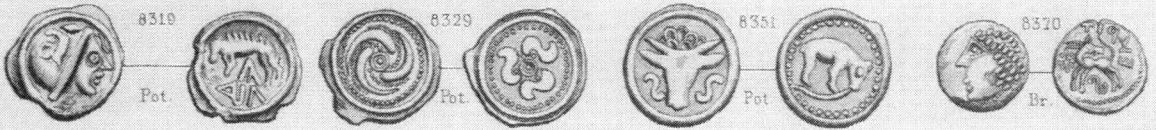

AMBIANI

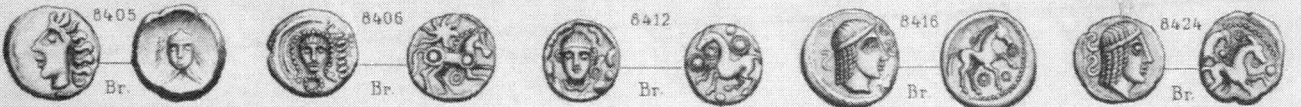

PL. XXXIV

AMBIANI (Suite)

8485
Ar.

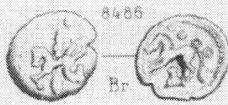
8486
Br.

8487
Br.

8494
Br.

8495
Br.

8496
Br.

8497
Br.

8498
Br.

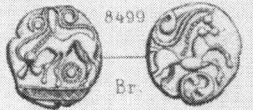
8499
Br.

8500
Ar.

8502
Br.

8503
Br.

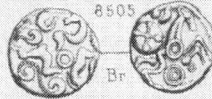
8505
Br.

8507
Br.

8509
Br.

8512
Br.

8513
Ar.

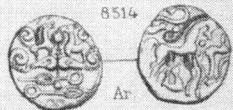
8514
Ar.

8515
Ar.

8517
Br.

8518
Br.

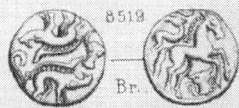
8519
Br.

8522
Br.

8523
Br.

8526
Br.

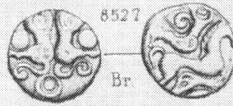
8527
Br.

8529
Br.

8533
Br.

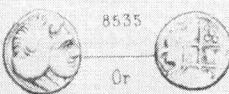
8535
Or.

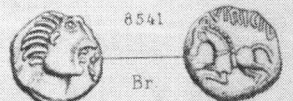
8541
Br.

8538
Or.

VEROMANDVI

8554
Br.

8569
Br.

8570-8572
Br.

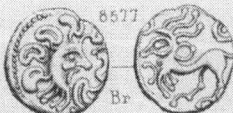
8577
Br.

8584
Br.

ATREBATES

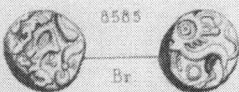
8585
Br.

8588
Or.

8590
Or.

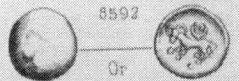
8592
Or.

L. Dardel sc.

Imp Dumas Vorzet

ATREBATES (Suite)

8593   8597   8600   8603

8606   8611   8620(?)   8636   8642
Or   Or   Pot   Pot   Br.

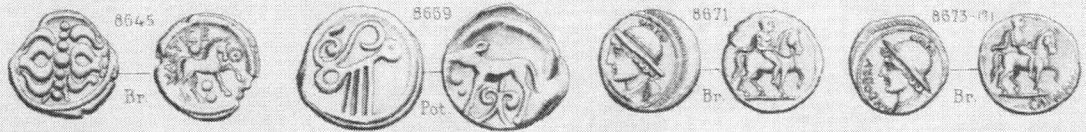

8645   8659   8671   8673-(?)
Br.   Pot   Br.   Br.

INCERTAINES

8680   8682   8687   8693   8694
Ar.   Ar.   Ar.   Br.   Or

MORINI

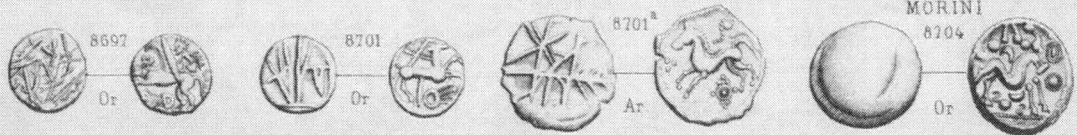

8697   8701   8701ᵃ   8704
Or   Or   Ar.   Or

8707   8710   8717   8722
Or   Or   Or   Or

MENAPII

8729   8731   8732   8734   8743
Or   Or   Or   Br.   Or

NERVII

8744   8746   8755   8760
Or pâle   Or   Or   Or

8773(?)_6772   TREVIRI

8766   8780   8796   8799
Or   Br.   Br.   Or

L. Dardel sc   Imp Dumas Vorzet

TREVIRI (Suite)

8815 8817 8821 8823 8825

8834 8835 8839-(?) 8849 8852

EBURONES ADUATUCI

8859 8864 8865 8868 8885-8881

INCERTAINES DE L'EST

8893 8896 8897 8900

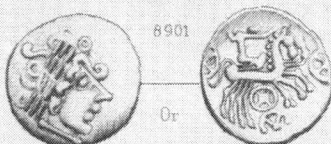 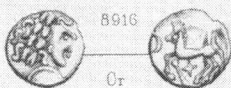  

8901 8916 8920 8922

   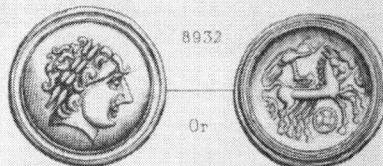

8925 8928 8930 8932

MEDIOMATRICI

  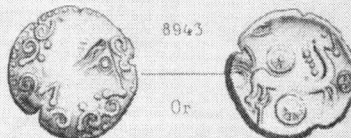

8933 8937 8943

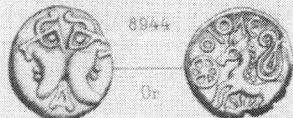   

8944 8945 8946 8953

 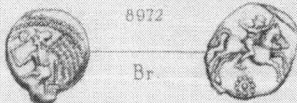 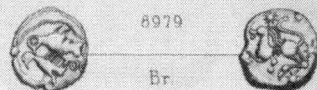

8967 8972 8979

VIRODUNI MEDIOMATRICI

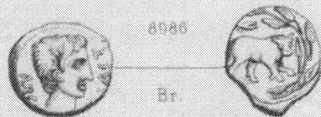 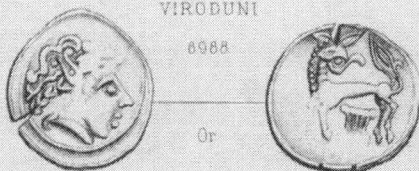 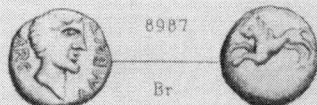

8986 8988 8987

L. Dardel sc. Imp. Dumas Vorzet

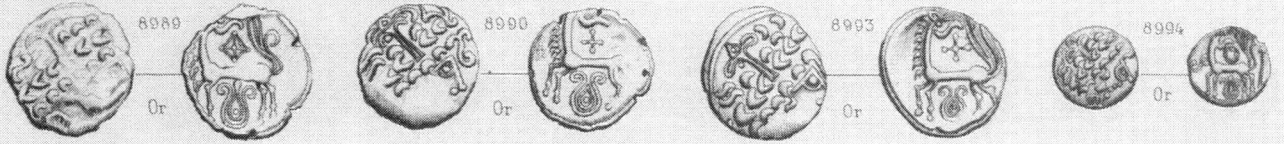

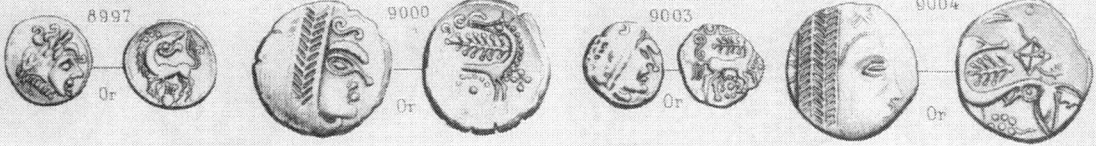

LEUCI

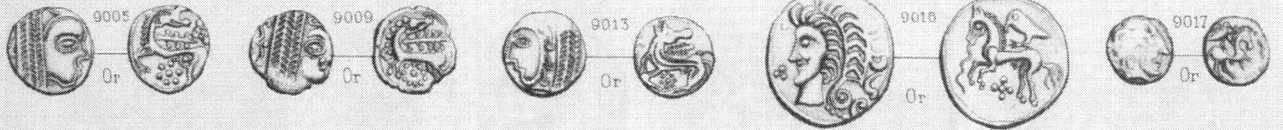

SALASSES

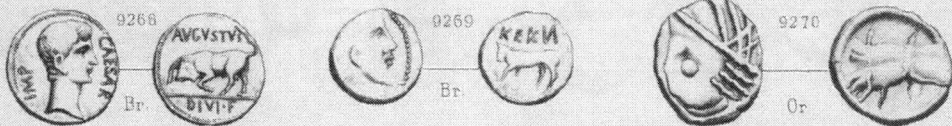

R N 1861.

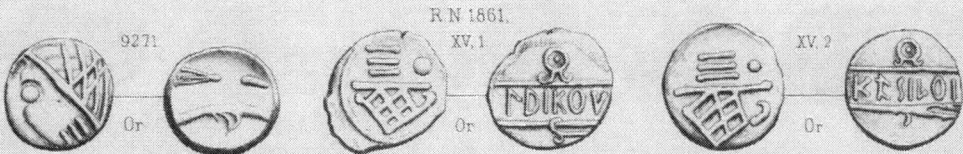

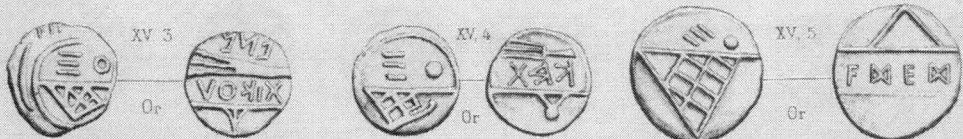

SENONES ÉMIGRÉS

SENONES ÉMIGRÉS (Suite)   TECTOSAGES ÉMIGRÉS

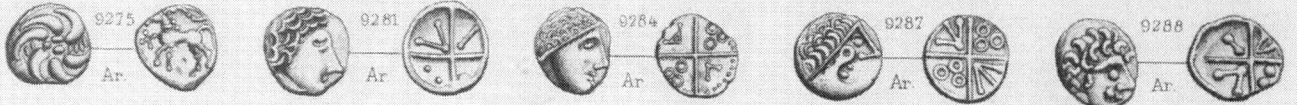

9275   9281   9284   9287   9288

ARMORICANI ÉMIGRÉS   HELVETII

9269   9297   9298   9302

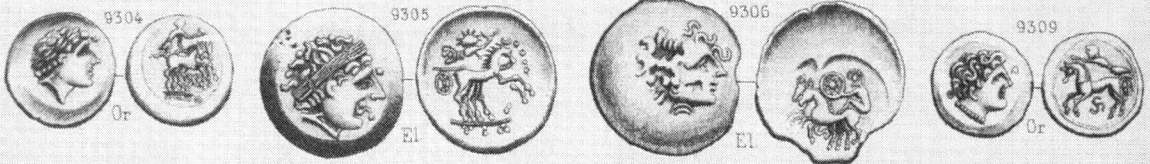

9304   9305   9306   9309

9311   9313   9322   9340   9345

GERMANI

9347   9355   9361   9364   9365

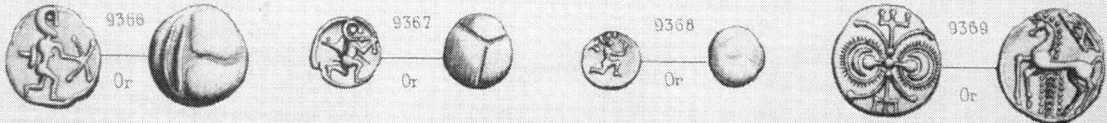

9366   9367   9368   9369

9370   9371   9373   9374

VINDELICI

9375   9376   9377   9383

IMITATIONS DE MONNAIES ÉDUENNES

9388   9396   9408   9401   9411

L. Dardel sc

Imp. Dumas Vorzet

IMITATIONS DE MONNAIES ÉDUENNES (Suite)

Boïl

9416
Or

9417
Ar.

9418
Br.

9419
Ar.

9421
Or

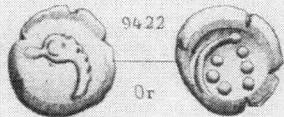
9422
Or

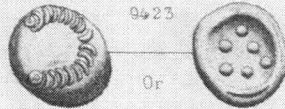
9423
Or

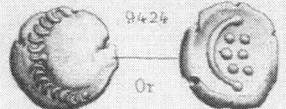
9424
Or

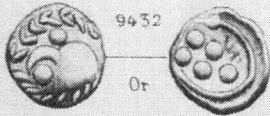
9432
Or

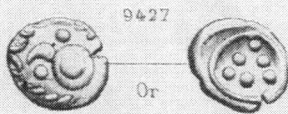
9427
Or

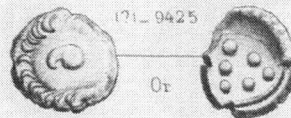
17?_9425
Or

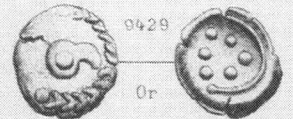
9429
Or

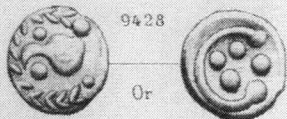
9428
Or

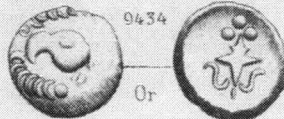
9434
Or

9433
Or

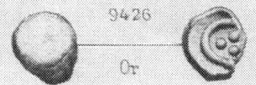
9426
Or

R.N., 1863,
IV, 13
Or

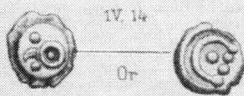
IV, 14
Or

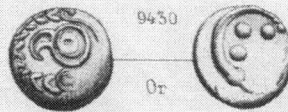
9430
Or

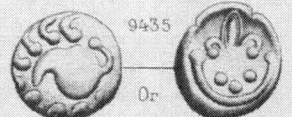
9435
Or

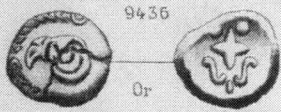
9436
Or

9437
Or

9438
Or

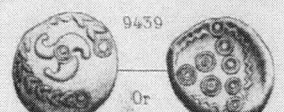
9439
Or

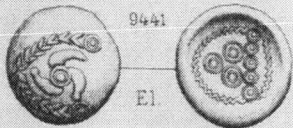
9441
El.

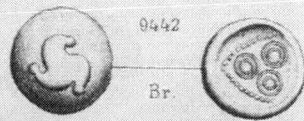
9442
Br.

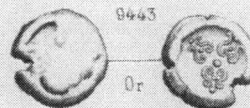
9443
Or

9444
Or

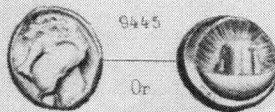
9445
Or

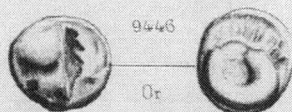
9446
Or

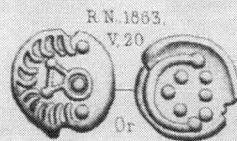
R.N., 1863,
V, 20
Or

V, 22
Or

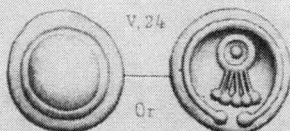
V, 24
Or

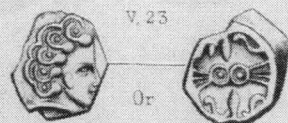
V, 23
Or

V, 25
Or

V, 27
Or

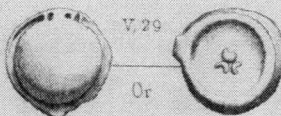
V, 29
Or

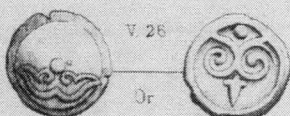
V, 26
Or

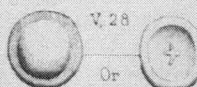
V, 28
Or

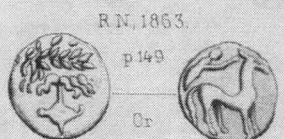
R.N., 1863,
p. 149
Or

L. Dardel sc.

Imp. Dumas Vorzet

BOII (Suite)

9447 Or 9449 Or 9450 Or 9451 Or

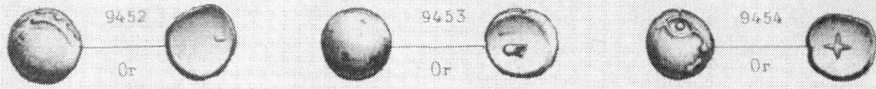

9452 Or 9453 Or 9454 Or

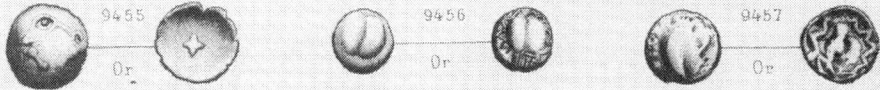

9455 Or 9456 Or 9457 Or

9458 Or 9459 Or 9460 Or 9461 Or

9462 Or 9462ᴬ Or 9463 Or 9464 Or

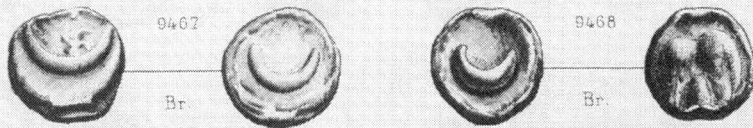

9467 Br. 9468 Br.

9470 Or 9471 Or 9472 Ar. 9473 Ar.

RÆTII

9474 Or 9475 Or 9476 Or

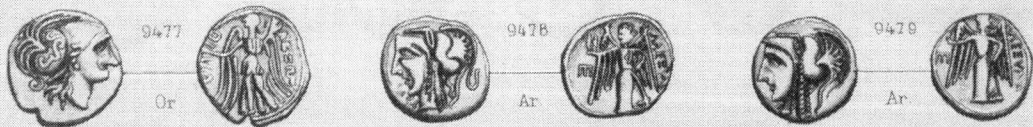

9477 Or 9478 Ar. 9479 Ar.

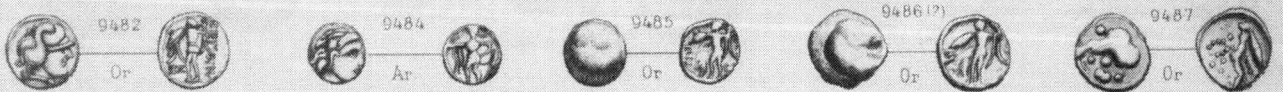

9482 Or 9484 Ar 9485 Or 9486 (?) Or 9487 Or

9488 Or 9489 Or 9490 Or 9491 Or 9492 Or

ILE DE BRETAGNE

9493   Or   9494   Or   9495   Or   9497   Or

9498   Or   9503   Or   9504   Or

Evans, pl. D, n° 1   Or   Ev, D, 2   Or   Ev, D, 5   Or

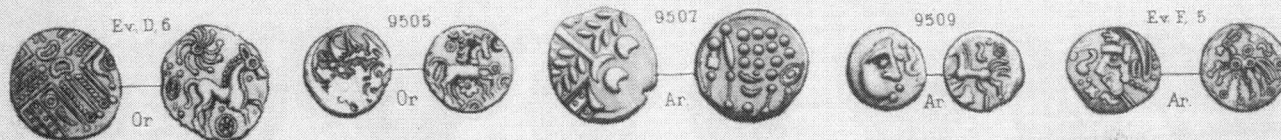

Ev, D, 6   Or   9505   Or   9507   Ar.   9509   Ar.   Ev, F, 5   Ar.

9513   Ar.   9527   Ar.   9529   Ar.   9531   Ar.

9534   Ar.   Ev, F, 10   Ar.   Ev, F, 11   Ar.   Ev, F, 12   Ar.   Ev, G, 1   Ar.

Ev, G, 2   Ar.   Ev, G, 3   Ar.   Ev, G, 4   Ar.   9537   Br.

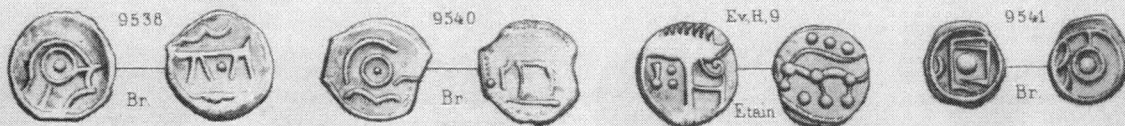

9538   Br.   9540   Br.   Ev, H, 9   Etain   9541   Br.

Ev, I, 1   Br.   Ev, I, 2   Br.   Ev, I, 1   Or   BODVO   Ev, I, 2   ODVOC   Or

Ev, I, 3   Ar.   9545   Or   Ev, I, 5   Or   Ev, I, 6   Or

ILE DE BRETAGNE (Suite)

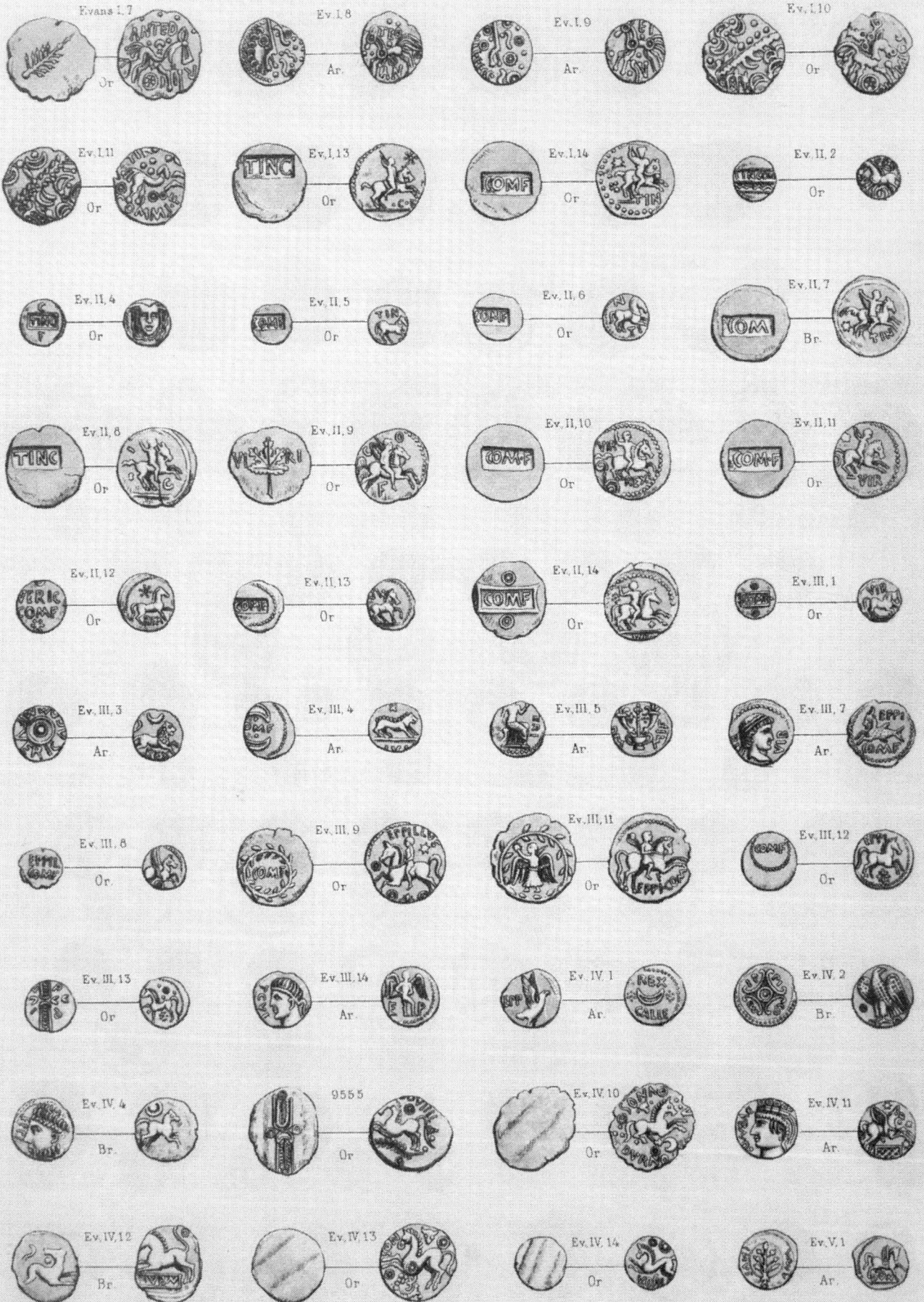

Evans I, 7 — Or
Ev. I, 8 — Ar.
Ev. I, 9 — Ar.
Ev. I, 10 — Or

Ev. I, 11 — Or
Ev. I, 13 — Or
Ev. I, 14 — Or
Ev. II, 2 — Or

Ev. II, 4 — Or
Ev. II, 5 — Or
Ev. II, 6 — Or
Ev. II, 7 — Br.

Ev. II, 8 — Or
Ev. II, 9 — Or
Ev. II, 10 — Or
Ev. II, 11 — Or

Ev. II, 12 — Or
Ev. II, 13 — Or
Ev. II, 14 — Or
Ev. III, 1 — Or

Ev. III, 3 — Ar.
Ev. III, 4 — Ar.
Ev. III, 5 — Ar.
Ev. III, 7 — Ar.

Ev. III, 8 — Or.
Ev. III, 9 — Or.
Ev. III, 11 — Or
Ev. III, 12 — Or

Ev. III, 13 — Or
Ev. III, 14 — Ar.
Ev. IV, 1 — Ar.
Ev. IV, 2 — Br.

Ev. IV, 4 — Br.
9555 — Or
Ev. IV, 10 — Or
Ev. IV, 11 — Ar.

Ev. IV, 12 — Br.
Ev. IV, 13 — Or
Ev. IV, 14 — Or
Ev. V, 1 — Ar.

ÎLE DE BRETAGNE (Suite)

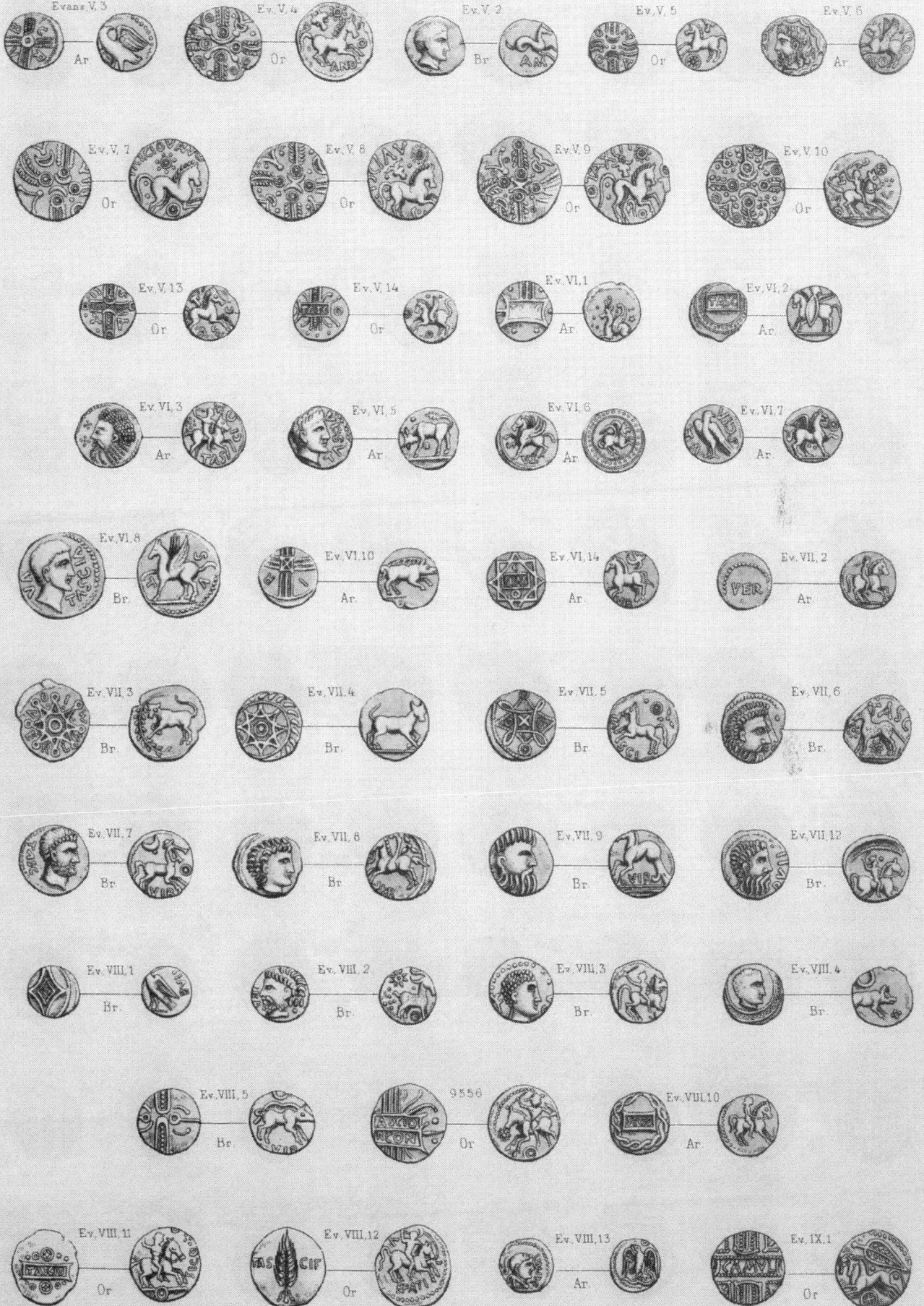

Evans, V, 3   Ar
Ev, V, 4   Or
Ev, V, 2   Br
Ev, V, 5   Or
Ev, V, 6   Ar

Ev, V, 7   Or
Ev, V, 8   Or
Ev, V, 9   Or
Ev, V, 10   Or

Ev, V, 13   Or
Ev, V, 14   Or
Ev, VI, 1   Ar
Ev, VI, 2   Ar

Ev, VI, 3   Ar
Ev, VI, 5   Ar
Ev, VI, 6   Ar
Ev, VI, 7   Ar

Ev, VI, 8   Br
Ev, VI, 10   Ar
Ev, VI, 14   Ar
Ev, VII, 2   Ar

Ev, VII, 3   Br
Ev, VII, 4   Br
Ev, VII, 5   Br
Ev, VII, 6   Br

Ev, VII, 7   Br
Ev, VII, 8   Br
Ev, VII, 9   Br
Ev, VII, 12   Br

Ev, VIII, 1   Br
Ev, VIII, 2   Br
Ev, VIII, 3   Br
Ev, VIII, 4   Br

Ev, VIII, 5   Br
9556   Or
Ev, VIII, 10   Ar

Ev, VIII, 11   Or
Ev, VIII, 12   Or
Ev, VIII, 13   Ar
Ev, IX, 1   Or

ÎLE DE BRETAGNE (Suite)

L. Dardel sc.

Imp. Dumas Vorzet

ILE DE BRETAGNE (Suite)

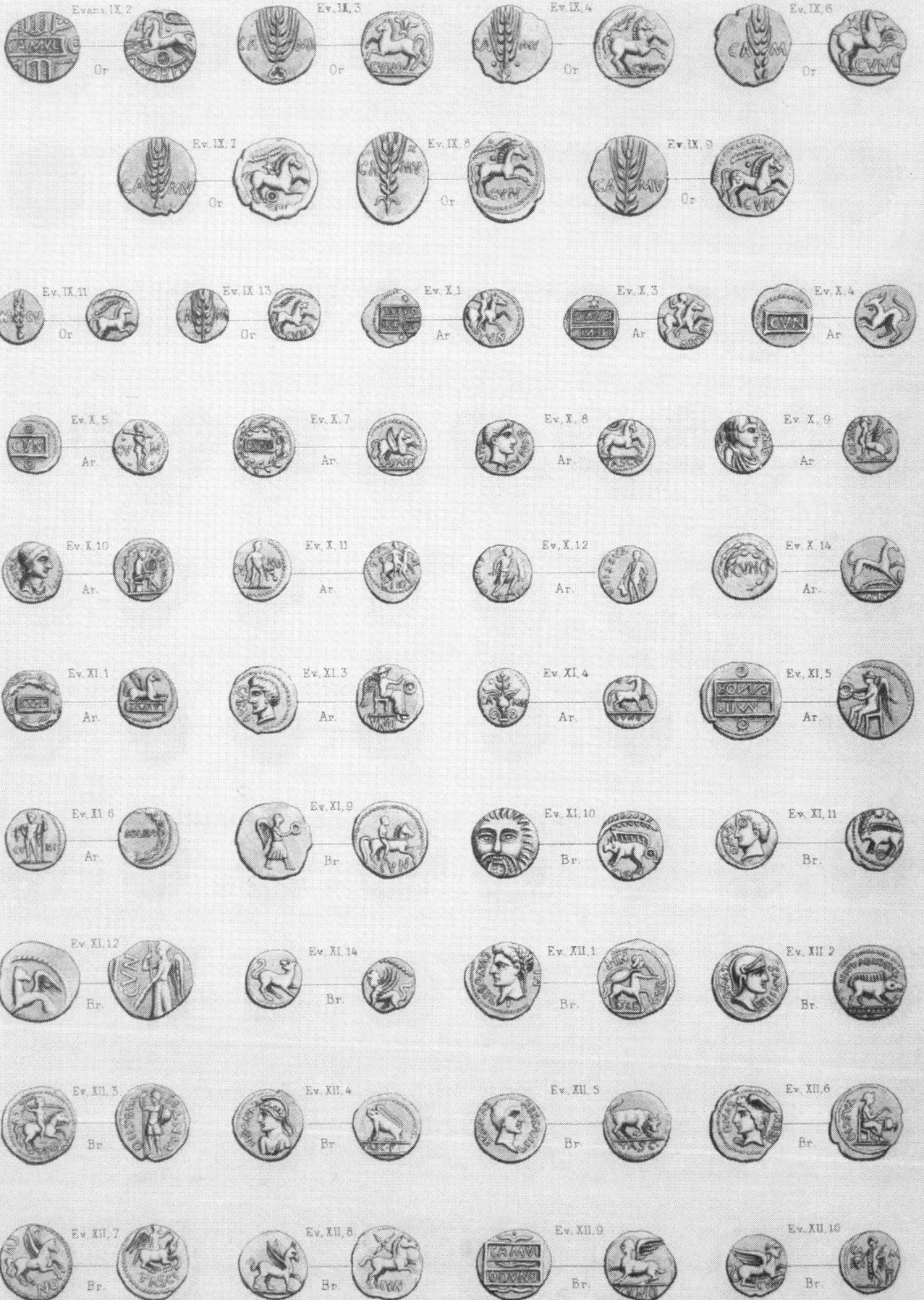

Evans, IX, 2
Or

Ev, IX, 3
Or

Ev, IX, 4
Or

Ev, IX, 6
Or

Ev, IX, 7
Or

Ev, IX, 8
Or

Ev, IX, 9
Or

Ev, IX, 11
Or

Ev, IX, 13
Or

Ev, X, 1
Ar.

Ev, X, 3
Ar.

Ev, X, 4
Ar.

Ev, X, 5
Ar.

Ev, X, 7
Ar.

Ev, X, 8
Ar.

Ev, X, 9
Ar.

Ev, X, 10
Ar.

Ev, X, 11
Ar.

Ev, X, 12
Ar.

Ev, X, 14
Ar.

Ev, XI, 1
Ar.

Ev, XI, 3
Ar.

Ev, XI, 4
Ar.

Ev, XI, 5
Ar.

Ev, XI, 6
Ar.

Ev, XI, 9
Br.

Ev, XI, 10
Br.

Ev, XI, 11
Br.

Ev, XI, 12
Br.

Ev, XI, 14
Br.

Ev, XII, 1
Br.

Ev, XII, 2
Br.

Ev, XII, 3
Br.

Ev, XII, 4
Br.

Ev, XII, 5
Br.

Ev, XII, 6
Br.

Ev, XII, 7
Br.

Ev, XII, 8
Br.

Ev, XII, 9
Br.

Ev, XII, 10
Br.

L. Dardel sc.

Evans, XII, 11 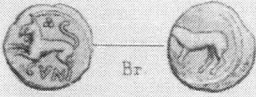 Br.

Ev, XII, 12  Br.

Ev, XII, 13 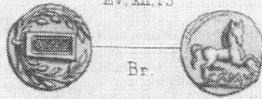 Br.

Ev, XII, 14 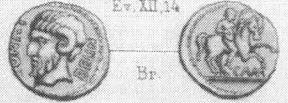 Br.

Ev, XIII, 1 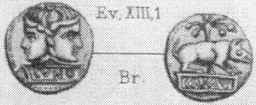 Br.

Ev, XIII, 2  Br.

Ev, XIII, 3 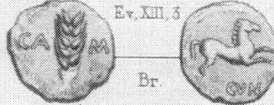 Br.

Ev, XIII, 4 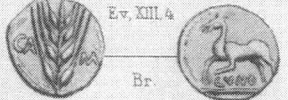 Br.

Ev, XIII, 5  Br.

Ev, XIII, 6  Br.

Ev, XIII, 7 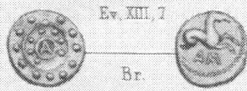 Br.

Ev, XIII, 8 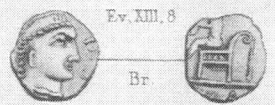 Br.

Ev, XIII, 9 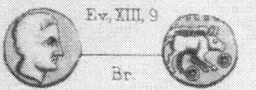 Br.

Ev, XIII, 10 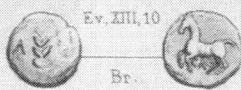 Br.

Ev, XIII, 11  Br.

Ev, XIII, 12  Br.

Ev, XIII, 13  Or

Ev, XIII, 14  Or

Ev, XIV, 1  Or

Ev, XIV, 2 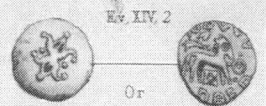 Or

Ev, XIV, 5  Or

Ev, XIV, 7  Or

Ev, XIV, 9  Or

Ev, XIV, 10  Or

Ev, XIV, 11 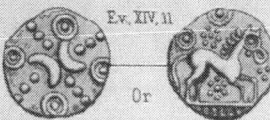 Or

Ev, XIV, 12 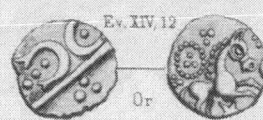 Or

Ev, XIV, 13 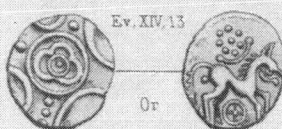 Or

Ev, XIV, 14 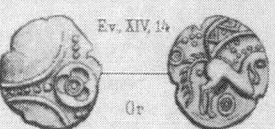 Or

Ev, XV, 3  Ar.

Ev, XV, 6 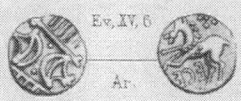 Ar.

Ev, XV, 7 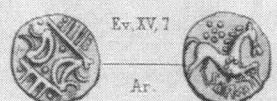 Ar.

Ev, XV, 8 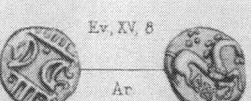 Ar

Ev, XV, 9 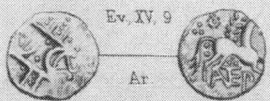 Ar.

Ev, XV, 13  Ar.

Ev, XV, 14 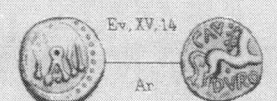 Ar.

Ev, XVII, 1  Or

Ev, XVII, 3  Or

Ev, XVII, 4 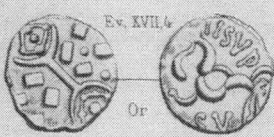 Or

Ev, XVII, 5  Or

Ev, XVII, 7 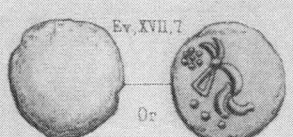 Or

IMITATIONS DE MONNAIES DE PHILIPPE II

IMITATIONS DE MONNAIES DE PHILIPPE II (Suite)

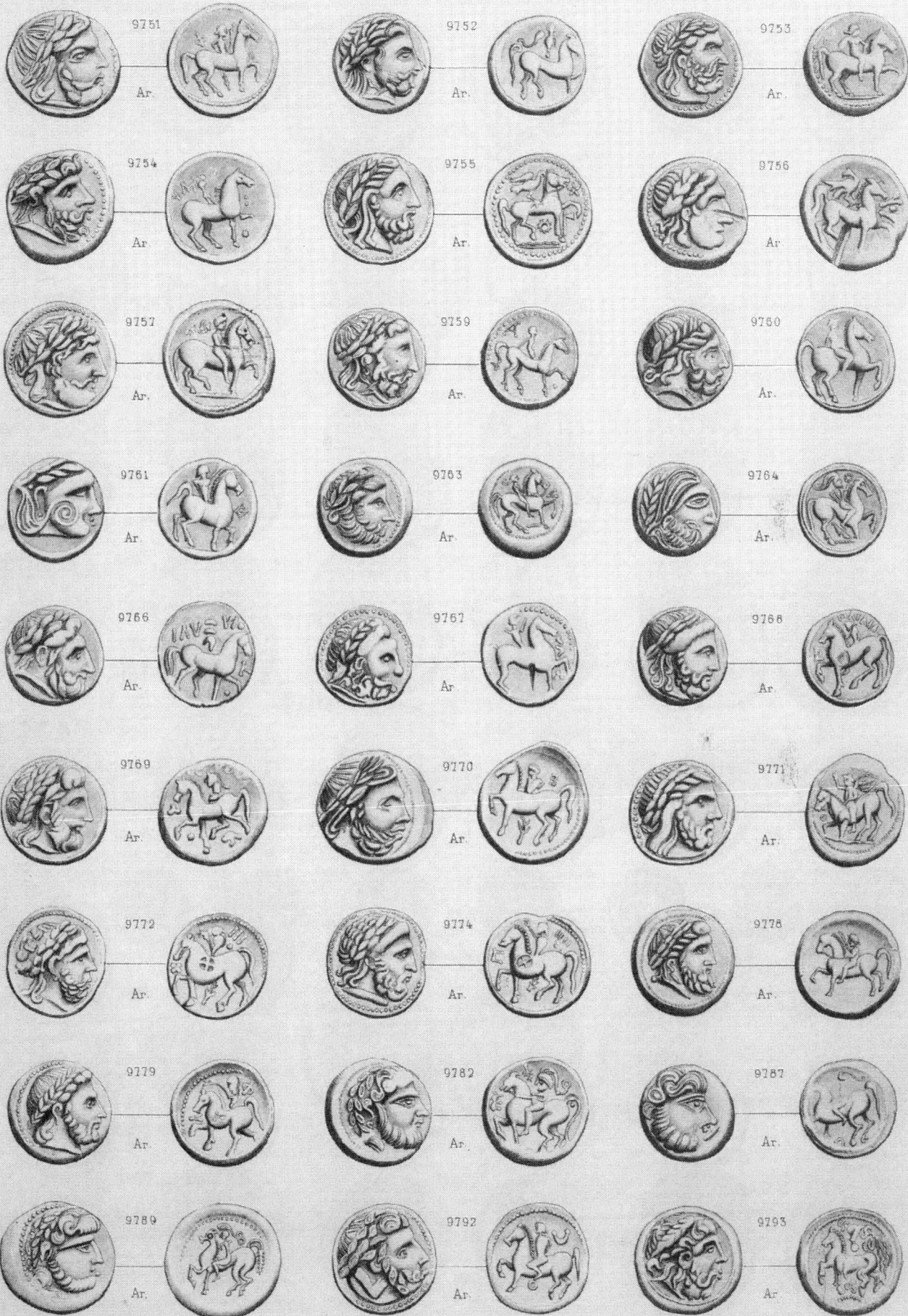

9751 Ar.	9752 Ar.	9753 Ar.
9754 Ar.	9755 Ar.	9756 Ar.
9757 Ar.	9759 Ar.	9760 Ar.
9761 Ar.	9763 Ar.	9764 Ar.
9766 Ar.	9767 Ar.	9768 Ar.
9769 Ar.	9770 Ar.	9771 Ar.
9772 Ar.	9774 Ar.	9778 Ar.
9779 Ar.	9782 Ar.	9787 Ar.
9789 Ar.	9792 Ar.	9793 Ar.

IMITATIONS DE MONNAIES DE PHILIPPE II (Suite)

L. Dardel sc

Imp. Dumas Vorzet

IMITATIONS DE MONNAIES DE PHILIPPE II (Suite)

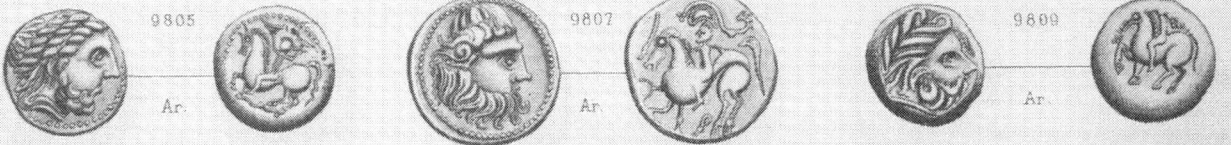

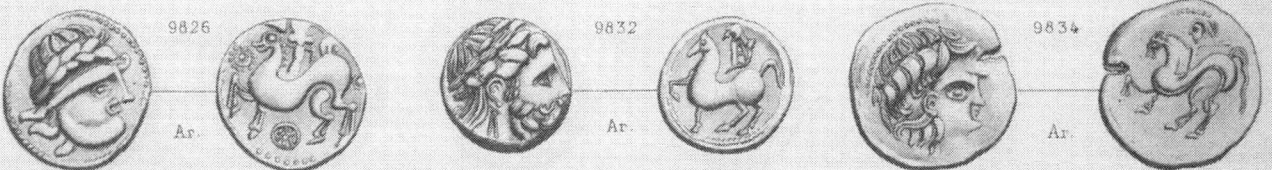

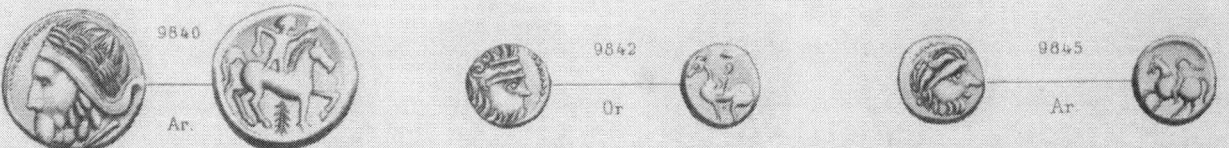

IMITATIONS DE MONNAIES MACEDONIENNES

9605　　Ar.

9607　　Ar.

9608　　Ar.

9611　　Ar.

9613　　Ar.

9618　　Ar

9626　　Ar.

Cf. 9628　　Ar.

9630　　Ar.

9631　　Ar.

9632　　Ar.

9633　　Ar.

9635　　Ar.

9640　　Ar

9646　　Ar.

9654　　Ar.

9659　　Or.

9661　　Ar.

9664-65　　Ar

IMIT. DE MON. DE THASOS

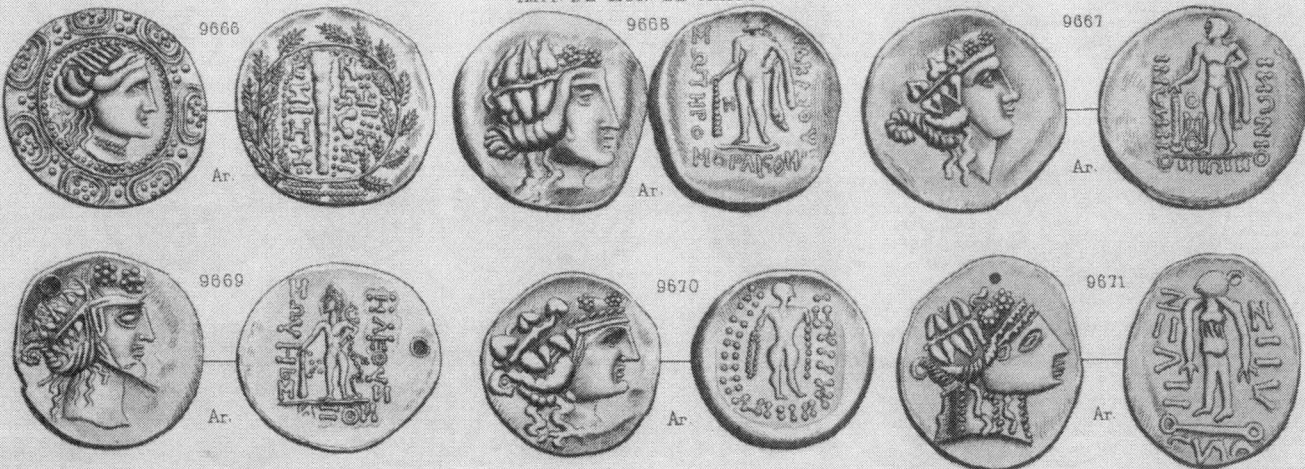

9666　　Ar.

9668　　Ar.

9667　　Ar.

9669　　Ar.

9670　　Ar.

9671　　Ar.

L. Dardel sc.　　　　　Imp. Dumas Vor sc

IMITATIONS DE MONNAIES DE THASOS (Suite)

9672   9674   9675

9678   9681   9683

IMIT. DE MON. DE LYSIMAQUE ET D'ALEXANDRE   IMIT. DE MON. DE LARISSA ET DE PHILIPPE II

9601   9605   9692

9651   9694   9696

IMIT. DE MONNAIES DIVERSES

9655   9657   9659

9660   9663   9662

9666   9667   9668

9669   9670   9674

9679   9683   9685   9687

IMITATIONS DE MONNAIES DIVERSES (Suite)

 9888
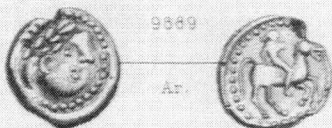 9889
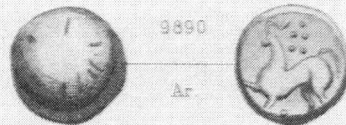 9890

 9891
 9892
 9894
 9895

 9899
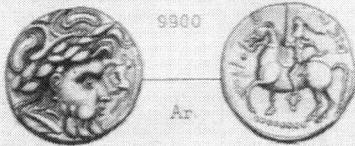 9900
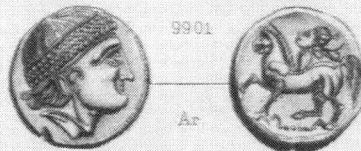 9901

BOII DE LA TRANSPADANE

 9907
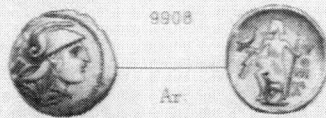 9908
 9910

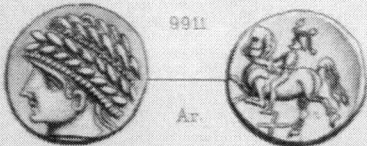 9911
 9912
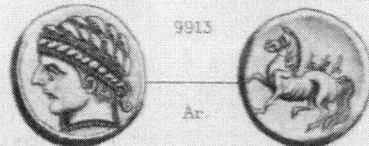 9913

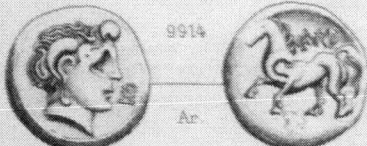 9914
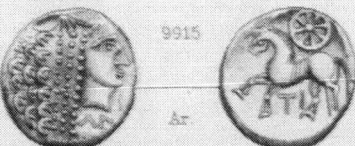 9915
 9916

 9920
 9921
 9922

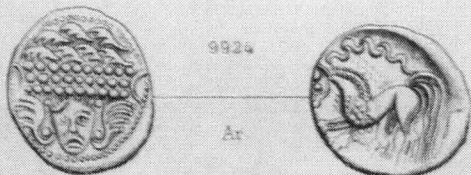 9924
 9925

 9926
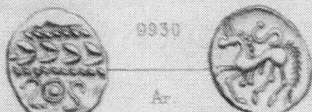 9930
 9932

BOÏ DE LA TRANSPADANE (Suite)

9933 9934 9943 9944 9947

9950 9952 9953 9954

9955 9959 9962 9964 9964ᴬ 9964ᴮ

9966 9971 9996 9999 10000

10001 10002 10003 10005

10006 10007 10013

10009 10014 10017 10018

10019 10020 10024

10028 10029 10030

10031 10035 10032

BOII DE LA TRANSPADANE (Suite)

10037   10038   10040   10041   10044

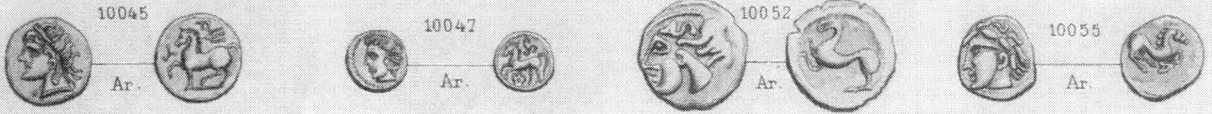

10045   10047   10052   10055

10057   10058   10059   (2) — 10061   10062

10063   10066   10067

10068   10069   10072   10073

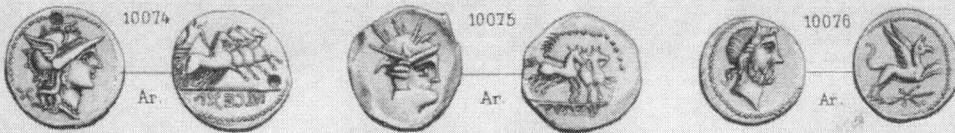

10074   10075   10076

10078   10079   10083   10085

10086   10087   10088   10090

10092   10094   10097   10101

10102   10103   10110   10111

L. Dardel sc.

Imp. Dumas Vorzet

IMITATIONS DE DENIERS DE LA REPUBLIQUE ROMAINE (Suite)

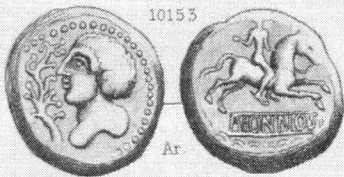

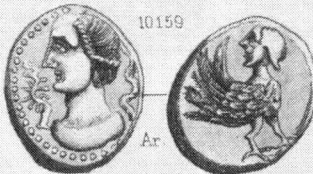

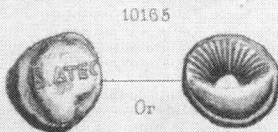

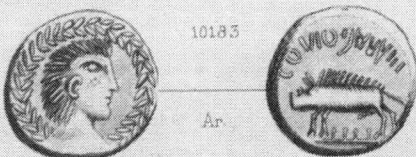

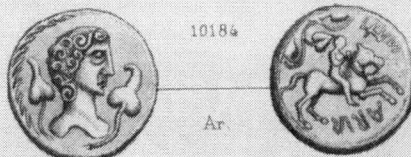

10114 Ar.

10115 Ar.

10121 Ar.

10122 Ar.

GAULOIS EN PANNONIE

10065 Ar.

10117 Ar.

10120 Ar.

10141 Ar.

10144 Ar.

10145 Ar.

10151 Ar.

10153 Ar.

10154 Ar.

10155 Ar.

10156 Ar.

10157 Ar.

10159 Ar.

10160 Ar.

10162 Ar.

10163 Ar.

10164 Ar.

10165 Or.

10166 Ar.

10170 Ar.

10177 Ar.

10182 Ar.

10180 Ar.

10183 Ar.

10184 Ar.

L. Dardel sc.

IMITATIONS DE DENIERS DE LA REPUBLIQUE ROMAINE (Suite)

Imp Dumas Vorret

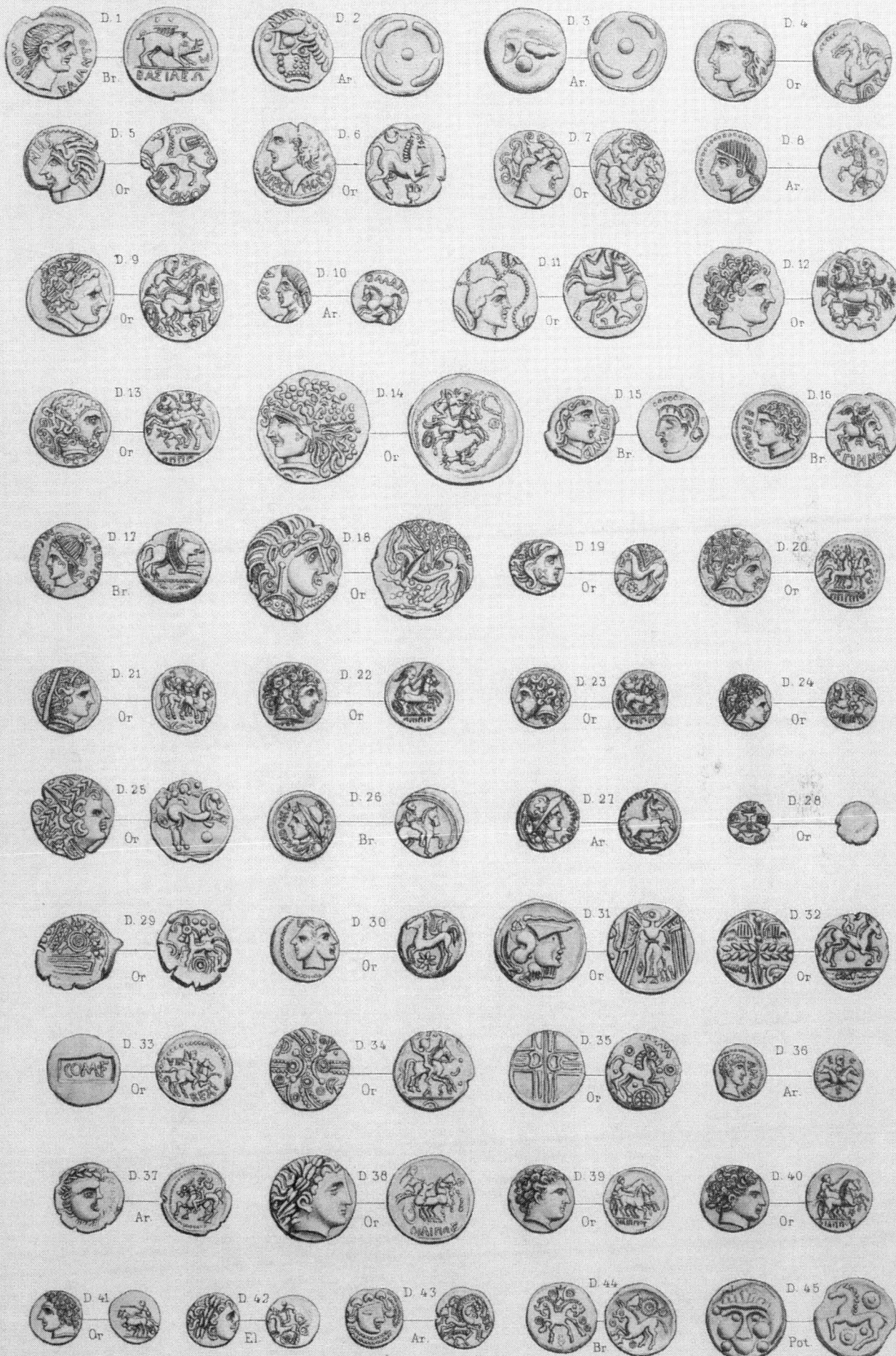

D. 1
Br.

D. 2
Ar.

D. 3
Ar.

D. 4
Or

D. 5
Or

D. 6
Or

D. 7
Or

D. 8
Ar.

D. 9
Or

D. 10
Ar.

D. 11
Or

D. 12
Or

D. 13
Or

D. 14
Or

D. 15
Br.

D. 16
Br.

D. 17
Br.

D. 18
Or

D. 19
Or

D. 20
Or

D. 21
Or

D. 22
Or

D. 23
Or

D. 24
Or

D. 25
Or

D. 26
Br.

D. 27
Ar.

D. 28
Or

D. 29
Or

D. 30
Or

D. 31
Or

D. 32
Or

D. 33
Or

D. 34
Or

D. 35
Or

D. 36
Ar.

D. 37
Ar.

D. 38
Or

D. 39
Or

D. 40
Or

D. 41
Or

D. 42
El.

D. 43
Ar.

D. 44
Br.

D. 45
Pot.

Made in the USA
Las Vegas, NV
18 June 2024